Деньги на все карманы

Ритуалы, заклинания, ванны, амулеты и талисманы для привлечения денег, изобилия и материального процветания в вашу жизнь.

Alina Rubi

Введение

Однажды я услышал: "Деньги - не жизнь, но они успокаивают нервы". Хотя мы понимаем, что деньги не всегда приносят нам счастье, но они помогают нам, и иногда, как бы мы ни старались, мы не можем их приобрести.

В этой книге я хочу предложить вам несколько заклинаний и ритуалов, чтобы вы могли привлечь в свою жизнь экономическое изобилие, ведь когда кажется, что все идет кувырком, духовная помощь оказывается, как нельзя кстати.

Слово "магия" связано со сверхъестественным, которое не имеет логического объяснения, но мы знаем, что оно существует. Наука дала нам множество преимуществ, но так и не смогла расшифровать магические способности, поскольку некоторые события, происходящие вокруг нас, не поддаются научным определениям.

С детства я жила с бабушкой, потомком цыган и очень известной спиритской. Ее магические способности пользовались популярностью, и, находясь рядом с ней, мне было легче не только научиться магии, но и доказать, что она работает. К сожалению, все маги держат свои заклинания в секрете, но, если я чему-то и научилась, так это тому, что знаниями нужно делиться, ведь все мы одинаковы.

Магия работает. Большинство успешных людей, хотите верьте, хотите нет, практикуют ее, конечно, они вам об этом не скажут. Они добились своих побед потому, что тщательно выполняли некоторые из ритуалов, которые я предлагаю вам в этой книге.

Почему мои заклинания не работают?

Существует бесконечное множество причин, по которым заклинание может не сработать, и все они связаны с тем, что мы непреднамеренно совершаем ошибки. Энергия ритуалов тратится впустую, если слишком много людей знают о том, что вы делаете. Если вам нравится заниматься магией, не стоит распространяться об этом, лучше поберегите свою энергию для ритуалов, которые вы собираетесь практиковать. Это было и остается одним из важнейших правил колдунов.

Очень важно определить цель или назначение ритуала или заклинания, поскольку это придаст жизненную силу выполняемой работе. Когда мы начинаем работать с магией, мы должны точно знать, какой цели мы хотим достичь. Мы должны уметь кратко сформулировать свою цель в одном логическом предложении.

Мы должны убедиться, что у нас есть все необходимые компоненты и что они свободны от негативных энергий. У каждого ритуала есть список для его подготовки, но нужно помнить, что мы можем делать замены, если вы не найдете какого-то элемента, то можете заменить его другим, и он будет выполнять ту же задачу.

Ключевое значение имеет наше настроение, эмоции должны быть сбалансированы, мы должны чувствовать себя уверенно и оптимистично. Не должно быть ни малейшей возможности, что мы хотим причинить вред другому человеку. Результат ритуала во многом зависит от вас. Важно, чтобы ваши эмоции соответствовали методу, например: если вы хотите денег, то предполагайте, что они достанутся вам в большом количестве. Подход влияет на результат.

Чтобы добиться положительных результатов, мы должны практиковать их в нужный момент.

Эти магические периоды связаны с астрологией, и мы должны знать их и программировать наши ритуалы на эти периоды времени, которые будут наиболее подходящими для осуществления нашей магии.

Не следует одновременно выполнять заклинания одного и того же типа, так как это вызывает перекрещивание энергий. Для получения хорошего результата сконцентрируйтесь только на одном, просто попытка не даст должного результата, одной мысли о выполнении других достаточно, чтобы ослабить первый ритуал. Самое мудрое - усилить первую работу. Никогда не занимайтесь магией ради эксперимента, это может создать трудности в повседневной жизни, так как может спровоцировать появление странных энергий. В особых обстоятельствах, например в экстренных ситуациях, ритуал повторяется не менее трех раз, в последовательные дни одной и той же недели, в указанное планетой время, а в некоторых случаях и три раза в один день, но всегда в соответствующее время.

Четыре кардинальные точки являются основными для получения хороших результатов в магической практике. Кардинальные точки отличаются положением Солнца относительно Земли: Север, Юг, Восток, Запад.

Природа руководствуется этими четырьмя точками, поэтому каждая из них относится к одной из ритуальных стихий. Каждая из них обладает уникальными качествами и энергиями.

Север связан с землей, безопасностью и постоянством. Это женская и плодородная энергия. Он символизируется зеленым цветом. Она связана со здоровьем и силой физического тела. Эта точка благоприятствует денежным ритуалам и успеху.

Запад соответствует воде, он эмоционален, чувствителен, обычно представлен синим цветом. Практики, посвященные этой кардинальной точке, активизируют всевозможные вопросы.

Юг — это огонь, он показывает энергию, психическую активность, страсть и желание. Это мужская энергия. Ей соответствует красный цвет.

Восток представляет собой воздух, он связан с интеллектом, творчеством, абстракцией и умственными способностями. Это мужская энергия, ее цвет - желтый.

Все стихии являются первоосновой нашей жизни и обладают как положительными, так и отрицательными характеристиками. Их знание необходимо для того, чтобы правильно направлять и защищать энергии. Все магические ритуалы можно начать с обращения к кардинальным точкам и формирования энергетического круга, в пределах которого будут вызываться священные сущности. Каждая из этих географических точек обладает особой вибрацией, которую необходимо знать, чтобы использовать ее в наших ритуалах.

Магический круг для ваших ритуалов

Магический круг — это освященный круг, в котором совершаются тайные действия. Это герметичное пространство для заклинаний и магических ритуалов, оно служит защитным барьером от плохих энергий.

В этом магическом круге человек, проводящий ритуал, может вызвать или призвать любое духовное существо, которое ему необходимо для помощи в проведении ритуала. Магические круги создаются для того, чтобы маг и люди, участвующие в ритуале, оставались в них во время магического действия. Круг должен быть чистым и священным, чтобы выполнять функцию защитной стены.

Перед началом ритуала необходимо разметить место для его проведения. Не все рисуют круг одинаково, поэкспериментируйте с тем, что для вас наиболее приемлемо. Очень важно определить пространство, которое вы собираетесь использовать для проведения ритуала, изучить, должны ли вы сидеть или стоять, будете ли вы один или в сопровождении других.

Перед тем как очертить круг, следует убедиться, что у вас есть все необходимое для проведения ритуала. Если по каким-либо причинам вам необходимо прервать ритуал, постарайтесь представить себе небольшую дверь в круге, которую можно закрыть до тех пор, пока вы не вернетесь. Таким образом, круг не будет разорван. Очистите место проведения ритуала, физически очистите его, организуйте и пропылесосьте, если это необходимо. Очистите помещение от негативных энергий и можете приступать к обведению круга.

Это можно сделать разными способами, обычно это делают с помощью волшебной палочки или рукой. Используемый вами инструмент не должен касаться земли, просто направьте его вниз. Визуализируйте энергию, исходящую изнутри вас, и сфокусируйте ее в доминирующей руке. Сконцентрируйтесь на инструменте и представьте, как из него исходит луч энергии и сливается с землей. Некоторые заклинатели называют четыре точки (север, юг, восток и запад), если ритуал предполагает обращение к ним. В некоторых случаях круг очерчивается свечами или камнями. Рекомендуется представлять круг как сферу энергии. После того как круг нарисован, можно приступать к ритуалу, но ни в коем случае нельзя забывать о существовании круга.

Для открытия круг обозначается по часовой стрелке, а для выхода и закрытия - против часовой стрелки. Для защиты круга, а также для его визуального обозначения можно положить четыре черных турмалина в четыре кардинальные точки. При замыкании круга их нужно поднять и очистить морской солью.

В заключение можно резюмировать, что ритуалы состоят из двух значимых этапов: организации и проведения. Во время подготовки мы определяем цель ритуала, время и день начала, соответствующие цвета, свечи, благовония, расположение алтаря. Одежда, которую мы будем использовать, должна быть очень легкой, чтобы обеспечить движения. Цвета могут быть белыми или светлыми, чтобы была энергетическая текучесть. Необходимые материалы, а также тексты. Когда мы приступаем к работе, то есть к фазе исполнения, мы должны очистить пространство, подготовить алтарь, быть расслабленными не только духовно, но и физически. Открыть магический круг и начать визуализировать цель уже проведенного ритуала. Очень важны заклинания, расшифруйте или повторите в точности ту молитву, которую вы должны произнести в конкретный момент. Призывы и молитвы вместе являются связующим звеном между материальным миром, с которым вы работаете, и духовным миром, в который вы посылаете вибрации. Не меняйте ни слова, следуйте всем инструкциям.

Наконец, не забывайте, что ваши духовные наставники, архангелы, ангелы или святые являются заступниками перед Богом или Вселенной, чтобы ваши желания исполнились. Всегда произносите слова с верой и уверенностью в том, что желаемое обязательно исполнится.

Не забудьте, что свечи зажигаются деревянными спичками, что их нужно помазать или освятить и, наконец, замкнуть ваш магический круг.

Святая вода, Священная вода и Лунная вода

В некоторых ритуалах мы должны использовать святую воду. Ошибочно думать, что ее можно приобрести только в каком-нибудь религиозном месте, вы можете сделать свою собственную святую воду или священную воду, как мне нравится ее называть.

Она очень проста в приготовлении, а ее основной элемент - вода - есть в наших домах. Святая вода очень динамична и рассеивает негативные энергии.

Материалы для изготовления святой воды:

- Одна чашка простой воды.

- Одна столовая ложка морской или гималайской соли.

Поместите воду слева от себя, а соль - справа, лицом к себе. (Материал емкости не имеет значения, можно использовать стеклянные или пластиковые стаканчики).

Положите правую руку на воду, а левую - на соль, они будут перекрещены. Повторяйте вслух или мысленно: "Силой, которой я обладаю, я освобождаю эти элементы от всего негативного, пусть свет Вселенной очистит их, и когда они соберутся вместе, они будут синхронизированы только со всем, что есть добро и любовь".

Затем смешать их в кастрюле, встряхнуть и накрыть крышкой. Если вы являетесь практиком Рейки, то можете передавать энергию с помощью символов II и III уровня, если нет, то можете нарисовать указательным пальцем спектакль в качестве защиты.

Священная вода.

В стеклянную емкость с широким горлом поместите белый кварц, залейте водой и оставьте на 24 часа. На следующий день выньте кварц и перелейте воду в небольшую бутылочку, которую можно использовать для ритуалов.

Возьмите бутылку в обе руки и попросите своих духовных наставников благословить воду положительными энергиями и светом.

Полнолуние воды.

Вода полнолуния — это как святая вода для ведьм. Ее можно использовать в ритуалах, заклинаниях для усиления магической работы и для благословения. Лунная вода — это вода, подвергнутая воздействию света полной Луны. Таким образом, она вбирает в себя свойства лунной энергии и позволяет нам легко использовать ее для усиления наших ритуалов или очищения окружающей среды. Я использую ее как Святую воду: каждое Полнолуние я готовлю ее в большой стеклянной емкости, оставляю ее на всю ночь под светом Полной Луны с белым кварцем внутри и собираю ее перед восходом Солнца.

Эфирные масла можно смешивать с лунной водой, и они усилят ее действие.

Магия времени

Каким днем и временем суток управляет планета, определяющая цель ритуала?

Каждый день обладает своими особыми энергиями и своей магией. Секрет заключается в том, чтобы уметь практично направлять эти связи в свои заклинания и магические действия. Одной из наиболее авторитетных мудростей среди практиков магии и эзотерики является польза планетарных часов, под которыми понимаются временные промежутки, находящиеся под энергетическим влиянием той или иной планеты.

Магические планетарные соответствия просты в использовании. Вы должны практиковаться в их использовании, потому что это усиливает вашу магию и силу ваших заклинаний. Начав изучать эти соответствия, вы поймете, почему ваши заклинания или привороты не срабатывали раньше.

В каждых сутках 24 планетарных часа, но в отличие от традиционно известных нам часов они не ограничены периодами в 60 минут, а могут быть.

Существует 12-дневных и 12 ночных планетарных часов. Суточные планетарные часы продолжаются от восхода до захода Солнца, а ночные планетарные часы - от захода до рассвета следующего дня.

Дневные планетарные часы используются для активизации определенного магического намерения, а ночные планетарные часы пронизаны иным типом энергии и используются для усиления чувств в это время.

Кроме того, что мы можем использовать их для магических действий, мы можем использовать планетарные часы для того, чтобы максимально эффективно использовать свой день. В случае особого дня, подписания важного контракта, поездки, вечеринки, романтического свидания, покупки дома и т. д. мы будем искать благоприятный час всегда в соответствии с природой планеты, которая нам больше всего подходит.

Согласно нашему календарю, сутки начинаются в 00:00 часов и заканчиваются в 23:59 часов. В астрологической и эзотерической традиции распределение часов дня и ночи осуществляется между семью планетами, от самой дальней до самой ближней. В древности астрологи рассматривали планеты, которые можно было увидеть невооруженным глазом, и фиксировали скорость движения каждой из них - от самой быстрой до самой медленной - вокруг Земли: Сатурн, Юпитер, Марс, Солнце, Венера, Меркурий и Луна. И именно этот порядок необходимо выучить, чтобы определить, какая планета управляет каждым часом (Луна и Солнце - светила, но астрологи в древности не обращали на это внимания).

В астрологической традиции каждый час суток управляется определенной планетой, и цикл этих часов и дал название дням недели. Именно древние халдеи ввели семидневный календарь, эквивалентный именам богов и планет, и назвали их так же.

Они заметили, что продолжительность суток меняется в зависимости от времени года, что дважды в год, в дни весеннего и осеннего равноденствия, дни равны по продолжительности ночам. По этой причине они разделили каждый 24-часовой день на две 12-часовые части.

Суточные часы, которые идут от восхода до захода солнца.

Ночное время, которое длится от заката до восхода солнца.

Выбор планетарного часа заключается в подборе наиболее благоприятной планетарной энергии для того ритуала или заклинания, которое мы собираемся провести.

Время Солнца: Эффектный час для всех и почти для всех видов деятельности, благоприятный для встреч с влиятельными людьми (начальством, директорами банков, высшими руководителями и т. д.), для начала переговоров. Для организации своих целей, призвания, карьеры, получения почестей. Просить о повышении зарплаты, делать презентации, выступать на публике. Для заклинаний, связанных с работой или деньгами. Ритуалы, связанные с продвижением по службе, отношениями с начальством, достижением успеха.

Время Венеры: для проявления нашей творческой энергии (живопись, музыка, любая художественная работа). Для нашего здоровья, жизненной силы и самооценки. Для покупки золота и ювелирных изделий. Благоприятное время для женских дел, оптимизации внешнего вида, посещения парикмахера или эстетических процедур. Подходит для покупок, украшения дома, свиданий с друзьями или любовных встреч, вечеринок, поездок, просьб об услугах, заключения партнерства, инвестиций. Это идеальное время для того, чтобы сделать предложение и вступить в брак. А также для того, чтобы помириться после конфликта или словесной ссоры. Для заклинаний и ритуалов, связанных с любовью, контрактами и партнерством.

Время Меркурия: сейчас люди более экспрессивны, даже самые замкнутые, так как Меркурий - планета общения, и, если он не ретроградный, он благоприятен для телефонных разговоров, отправки важной корреспонденции, письма, интеллектуальных дел в целом, учебы, коротких поездок, подписания контрактов, починки компьютера, заключения деловых сделок. Заклинания бумаг, договоров. Ритуалы, связанные с деловыми и банковскими операциями; основной и средней учебой, подписанием договоров и сообщений, короткими поездками, альтернативной медициной.

Время Марса: Импульсивная природа Марса побуждает нас быть более смелыми и менее осмотрительными, поэтому это не лучшее время для начала спора, так как он может закончиться ссорой; не стоит отправляться в поездку с целью совершения какой-либо сделки, так как в это время возможны несчастные случаи, но для любой деятельности, в которой необходимо быть более энергичным, например, для физических упражнений, или для ситуаций, в которых необходима смелость. Он не подходит для начала партнерских отношений или заключения брака. Помните, что Марс всегда склонен к конфронтации. Можно проводить заклинания против врагов, ритуалы, связанные с мужеством, действиями, завоеваниями. Это благоприятный период для хирургических вмешательств, так как он благоприятствует способности к исцелению.

Время Луны: Эмоциональный, женственный и воспитывающий характер Луны проявляется в людях и функциях лунного часа. Он благоприятен для домашних дел, общения с матерями и женщинами в целом, а также для семейных дел; для общения с публикой, приготовления пищи, еды, стирки и даже полива растений; для украшения дома и придания ему более уютного вида. Семейные или любовные заклинания. Ритуалы, связанные с женским началом, домом и плодородием.

Время Сатурна: в это время люди кажутся более замкнутыми, так как энергия Сатурна всегда темная, его ограничивающая природа приносит проблемы и задержки; не рекомендуется подписывать контракты, вступать в социальные отношения или начинать что-либо, однако хорошо начинать строительство дома, так как Сатурн управляет конструкциями, фундаментом и продолжительностью, покупать и продавать недвижимость и вопросы, связанные с землей. Также можно заняться сносом. Отличное время для того, чтобы спросить совета у старшего по возрасту человека. Другим благоприятным аспектом может быть организация, дисциплина и утомительная работа. Отлично подходит для заклинаний против врагов или для отсрочки чего-либо. Ритуалы, связанные с мудростью и профессиональными занятиями.

Час Юпитера: Благоприятный характер Юпитера в это время будет отражаться на людях и работе. Это благоприятно для покупки билетов в путешествие, для любых контактов с зарубежными странами. Для получения привилегий в предпринимательской деятельности, а также для начала важного дела, открытия предприятия, открытия бизнеса или принятия обязательств. Для обращения за благосклонностью к авторитетным людям, для получения почестей, для покупки недвижимости. Благоприятен для денежных заклинаний и юридических вопросов. Ритуалы, связанные с процветанием и получением работы. Для самозащиты, восстановления здоровья и начала профессиональной деятельности.

На расчет планетарных часов влияют световые и теневые часы, которыми вы располагаете. Временные периоды будут меняться в зависимости от географической точки, в которой Вы находитесь, и сезонов года (весна, лето, осень, зима).

Чтобы работать с силой планетарных часов и усилить магические ритуалы, необходимо знать время восхода и захода солнца в вашей стране, а затем разделить количество минут естественного освещения на 12 (количество планетарных часов светового дня).

Это математическое упражнение позволит определить количество минут, которое будет иметь каждый суточный планетарный час. Далее следует просмотреть *справочные таблицы и выбрать, какой час будет наиболее благоприятен для достижения желаемого результата. Если наряду с часом вы выберете день, находящийся под влиянием той же планеты, вы придадите больше энергии своему ритуалу или заклинанию.

Планетарные правила дней.

Воскресенье - Солнце

Понедельник - Луна

Вторник - Марс

Среда - Меркурий

Четверг - Юпитер

Пятница - Венера

Суббота - Сатурн

Порядок следования часов по дням недели можно проверить по справочным таблицам планетарных дневных и ночных часов, если известна продолжительность каждого часа.

Согласно древним оккультным традициям, по этим часам и суткам вы поймете, какой период наиболее благоприятен для проведения нужного вам ритуала, так как ритуал на деньги, проведенный в день и час Юпитера, будет более эффективным, а любовный приворот, проведенный в день и час Венеры, будет более действенным.

Пример расчета планетарных часов:

Представим, что мы хотим узнать планетарные часы 7 декабря 2020 года в Лас-Вегасе. Понедельник.

Время восхода Солнца - 05 ч 11 мин.

Время захода солнца - 18 ч 38 мин. (18:38 р.)

Продолжительность дня составит: 18ч38 - 05ч11 = 13ч 27м

Планетарные часы длятся не 60 минут, а зависят от продолжительности дня и ночи, как в нашем примере:

Длится суточный планетарный час:

13 х 60 + 27 = 807 /12 = 1ч 7м

Аналогичным образом рассчитываются ночные часы.

Рассчитывается продолжительность ночи:

 24ч00 - 13ч27 = 10ч 33м

Длится ночной планетарный час:

10 ч х 60 + 33/12 = 52 м 45 с.

Первый час суток принадлежит планете, которая управляет этим днем, последующие часы будут соответствовать планетарному порядку, приведенному выше.

В нашем примере:

Первый час дня управляется Луной, поскольку это понедельник, он начинается в 05h11 и заканчивается в 06h18m, то есть на 01h07m позже. Второй час, управляемый Сатурном, начинается в 06h18m и заканчивается в 07h25m. И так далее.

НЕ УСЛОЖНЯЙТЕ МАТЕМАТИКУ!

Потому что на сайте planetaryhours.net вы можете рассчитать его без особых мучений. Главное, чтобы вы знали символы планет. При этом следует помнить, что речь идет только о традиционных, а не о современных. То есть мы исключаем Уран, Нептун и Плутон.

Символы планет.

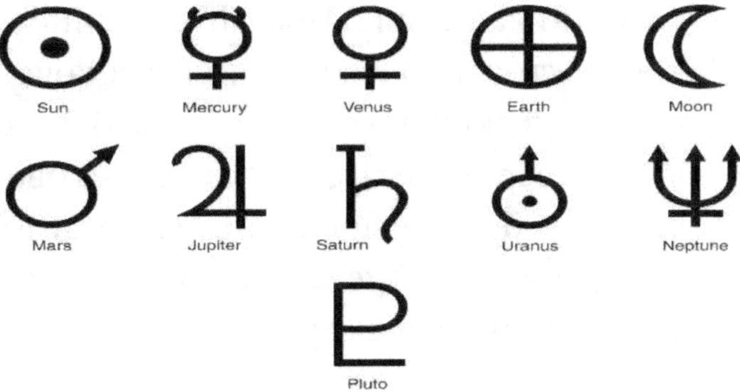

Planetary Day Hours

Hour	Sun	Mon	Tue	Wed	Thu	Fri	Sat
1	☉	☽	♂	☿	♃	♀	♄
2	♀	♄	☉	☽	♂	☿	♃
3	☿	♃	♀	♄	☉	☽	♂
4	☽	♂	☿	♃	♀	♄	☉
5	♄	☉	☽	♂	☿	♃	♀
6	♃	♀	♄	☉	☽	♂	☿
7	♂	☿	♃	♀	♄	☉	☽
8	☉	☽	♂	☿	♃	♀	♄
9	♀	♄	☉	☽	♂	☿	♃
10	☿	♃	♀	♄	☉	☽	♂
11	☽	♂	☿	♃	♀	♄	☉
12	♄	☉	☽	♂	☿	♃	♀

Planetary Night Hours

Hour	Sun	Mon	Tue	Wed	Thu	Fri
1	♃	♀	♄	☉	☽	♂
2	♂	☿	♃	♀	♄	☉
3	☉	☽	♂	☿	♃	♀
4	♀	♄	☉	☽	♂	☿
5	☿	♃	♀	♄	☉	☽
6	☽	♂	☿	♃	♀	♄
7	♄	☉	☽	♂	☿	♃
8	♃	♀	♄	☉	☽	♂
9	♂	☿	♃	♀	♄	☉
10	☉	☽	♂	☿	♃	♀
11	♀	♄	☉	☽	♂	☿
12	☿	♃	♀	♄	☉	☽

Еще один важный аспект, который следует учитывать, — это когда мы должны проводить заклинание или ритуал в период ретроградного Меркурия. Это происходит три-четыре раза в год. В течение этого цикла избегайте принятия важных решений, если вы их принимаете, то в будущем они могут потребовать изменений, избегайте начинать любые дела, связанные с коммуникациями. Избегайте подписания контрактов любого рода или заключения новых коммерческих договоров. Если Вы это сделаете, то велика вероятность, что не все обговоренные вопросы будут выполнены. Избегайте хирургических операций в этот период, если только они не носят экстренный характер.

Если на данном этапе вам необходимо провести ритуал или заклинание, то сначала следует выполнить следующее омовение. Она также послужит очищению вашей ауры, что очень важно, так как будет способствовать тому, что все хорошее, что хочет дать вам жизнь, придет без проблем и в больших количествах.

Приняв ванну с этими растениями, вы нейтрализуете влияние ретроградного Меркурия и очистите свою ауру.

Ванна на период ретроградного Меркурия.

Вам понадобятся три таких растения: Рута, шалфей, розмарин, лаванда, мята или лавр.

Выберите три таких растения, их можно приобрести в ботанических или эзотерических магазинах. Возьмите большую кастрюлю, налейте в нее воду и положите растения до полного закипания. Когда средство закипит, дайте ему остыть. Процедите его. Примите ванну так же, как и каждый день. После принятия ванны вылейте воду из растений с головы и дайте ей стечь по всему телу. Подождите несколько секунд, прежде чем высушить себя, чтобы вода проникла внутрь и оказала свое очищающее действие. Высушите себя, по возможности, на воздухе, без полотенца, и вы почувствуете изменения в своей ауре. С этого момента вы будете готовы практиковать свои заклинания без риска или саботажа со стороны ретроградного Меркурия.

Лучшее время для проведения ритуалов, связанных с деньгами, - воскресенье в часы планеты Юпитер, четверг в часы Солнца или Венеры и пятница в часы планеты Юпитер. Луна должна находиться в растущей фазе и в одном из этих знаков: Тельце, Льве, Весах, Стрельце или Водолее.

Освящение свечей.

В магических ритуалах важно освящать свечи маслами для привлечения дополнительных энергий, это помазание является основополагающей частью процесса. Во время освящения необходимо сконцентрироваться на цели ритуала, и это удобно делать в соответствующий день с астрологической точки зрения.

Процедуры выполняются следующим образом:

Пальцами правой руки нанесите несколько капель масла на свечу от центра к фитилю, стараясь сохранить его влажным. Затем повторите те же действия, но уже от середины к основанию свечи.

Другой способ освящения заключается в нанесении масла на свечу снизу вверх. Этот вид помазания предназначен исключительно для тех ритуалов, которые связаны с разбиванием чего-либо. Третья и последняя модель освящения — это помазание свечи, которую мы собираемся использовать в нашем ритуале, сверху вниз. Этот тип освящения характерен исключительно для свечей, предназначенных для ритуалов привлечения.

Лунная магия

Лунная магия работает в соответствии с лунными фазами, знаками, по которым проходит Луна, временами года и планетарными часами. Это очень важно в магической практике и является одним из важнейших секретов успеха в колдовстве. Лунная сила - одна из самых мощных энергетических составляющих в магии, она очень глубока и использует свойства Луны для получения мощной энергии.

Чтобы выбрать подходящий момент для проведения ритуала, необходимо учитывать лунные фазы.

Новолуние или Черная Луна.

В древности в течение трех дней, когда Луна была полностью невидима, на перекрестках дорог богине Гекате приносили подношения из белых цветов, чтобы она даровала защиту. В эту фазу можно положить букет белых роз на дорожку, ведущую к дому.

Не рекомендуется проводить ритуалы за 24 часа до и 24 часа после наступления новолуния. Заклинания на новолуние следует проводить во время видимой фазы новолуния. Если вы будете выполнять их в эти три дня, то получите противоположное тому, чего действительно хотите.

В Черную Луну мы работаем с подземным миром, связываемся с предками, со знакомыми духами, поскольку в эту Луну двери подземного мира открыты, поэтому в эту фазу принято произносить заклинания черной магии. Это прекрасная Луна для освящения магических инструментов. В период Черной Луны мы будем работать с проклятиями и вопросами справедливости. Она используется для защитной магии и защиты.

Видимое новолуние.

Если на Вас наложены заклятия или проклятия, то в эту фазу Новолуния можно провести ритуалы, чтобы отсечь и прекратить весь негатив. В эту фазу также полезно отказаться от вредных привычек и обычаев, которые нам вредят, и начать что-то новое, например, отказаться от сигарет или алкоголя. Чтобы наилучшим образом использовать эту энергию, магию следует проводить между восходом и заходом солнца. Работа в ночное время допустима, но для достижения максимального эффекта используйте правильное время. Вы можете посмотреть планетарные часы, чтобы усилить эффективность своих ритуалов.

Луна в четверти полумесяца.

Это плодотворная Луна, она способствует развитию бизнеса, здоровья, денег, успеха, урожая.

В этой фазе мы работаем над тем, чтобы увеличить что-либо или привлечь это. В этом цикле мы обращаемся с просьбами о приходе любви, об увеличении денег на счетах или престижа на работе. Если мы хотим защитить кого-то от какого-то зла, то самое время попросить божественной справедливости и усиления защиты для наших близких. На уровне здоровья это время для усиления защитных сил организма.

Гибридный полумесяц.

Гибнущий полумесяц - ключевое время для начала бизнеса, обращения за здоровьем, проведения ритуалов по привлечению денег и изобилия, а также для всего, что необходимо для достижения успеха. Это также подходящее время для работы над плодородием.

Полнолуние.

В этой фазе Луна предлагает всю свою энергию, и вы можете выполнять работы по защите, гаданию, правосудию, спиритизму и многое другое. Весь этот потенциал сказывается и в магии, делая мага гораздо более компетентным в обращении с большими объемами энергии и ее направлении. Большинство любовных ритуалов проводится именно в это время, когда Луна излучает наибольшую энергию. Ритуалы, проводимые в полнолуние, обладают значительной силой для удачи, любви и процветания нашего дома. Любые дела, требующие большого притока энергии, следует выполнять в это время. Ваши шансы на успех очень велики. Это благоприятный период для проведения обряда "Лунная вода".

Убывающая гиббоусная луна.

Это благоприятный период для завершения любой ситуации, которая больше не желательна в вашей жизни. Настало время отдыха, завершения проектов, закрытия нерешенных вопросов. Пришло время реорганизации. То, что отрезано, будет дольше расти. Все неудобные вещи, такие как переезд, обращение за кредитом или его получение и т. д., лучше делать в этой фазе, хотя результат будет более медленным, чем в фазе Воска, но зато более безопасным.

Луна в убывающей четверти.

В убывающую четверть наступает момент, когда можно проводить магические действия, направленные на уменьшение или устранение негатива, отгонять врагов, болезни, дурные влияния или тревожных духов. Эта фаза особенно благоприятна для изготовления талисманов супружеской и семейной гармонии, прекращения экономических проблем или потери работы. Все, что мы хотим уменьшить, угасить или прекратить.

Убывающая Луна.

Именно оно происходит перед невидимым Новолунием (Черной Луной). Убывающая Луна появляется на небе в форме буквы С. Когда Луна убывает, она находится на пути к полной темноте и с каждой ночью становится все меньше. Во время фазы убывающей четверти происходит высвобождение негатива, который нас окружает. Она подходит для очищения от негативных энергий, прекращения ссор, успокоения тревоги и продолжения очистительной работы. Она идеально подходит для очищения людей, предприятий и домов. Убывающая Луна - подходящий цикл, если вы хотите отдалиться от человека. Эта фаза помогает избавиться от привязанностей и влечений.

Затмения и магия

Затмение - необычное событие, поэтому его трансцендентность очень важна, существует множество ритуалов, заклинаний и причасто, которые можно проводить до и во время затмения, чтобы усилить эту сильную энергию в благоприятную для нас сторону. Во время Затмения люди могут чувствовать себя неспокойно, испытывать некоторый страх - в этом сила и суть Затмения, это чувство, как будто находишься внутри магического или защитного круга. В зависимости от типа Затмения будет меняться и его влияние на людей. Солнечное затмение относится ко всему материальному и физическому, а Лунное - ко всему, что связано с эмоциями и духовностью.

Даже если вы не сможете увидеть затмение из своей страны, во время него можно проводить магические обряды и ритуалы.

При лунном затмении, которое может произойти только в ночь полнолуния, мы ощущаем все фазы Луны за несколько минут и секунд. Полная Луна частично или полностью скрывается, а затем сразу же снова становится видимой. За несколько минут, если это полное Лунное затмение, мы ощущаем энергию, эквивалентную полному циклу.

Вода затмения.

Поскольку у Вас есть такая необыкновенная возможность - затмение наделяет нас силой, мудростью и положительной энергией, - следует наполнить прозрачную емкость водой и плотно закрыть ее. Как только начнется затмение, откройте крышку, чтобы вода пропиталась этой энергией, а вы в это время думайте о своем намерении: больше денег, больше работы, больше творчества в жизни или удачи в любви. По окончании затмения закройте крышку. Затем с этой водой примите ванну, но уже с добавлением сыроежки и мяты. Кипятить их нельзя, просто раздавите растения руками как можно сильнее и смешайте с этой водой. Это исполнит все ваши просьбы, которые вы высказали во время принятия ванны.

Ритуал на деньги в день солнечного затмения.

Вам потребуется:

- Лед

- Священная вода

- Зерна кукурузы

- Морская соль

- 1 глиняный контейнер

- Три зеленые плавающие свечи

- Картонная или пергаментная бумага и карандаш

- 1 новая швейная игла

Напишите на бумаге свои просьбы о деньгах, затем иглой напишите свое имя на свечах. Для очищения своей энергетики воспользуйтесь глиняным сосудом, в который положите лед и священную воду, в равных пропорциях добавьте три горсти морской соли. Опустите в сосуд обе руки, таким образом вы будете изгонять из себя негативные энергии, которые находятся в вас. Выньте руки из воды, но не вытирайте их. Добавьте в чашу горсть кукурузы и снова опустите руки в воду на три минуты. В последнюю очередь зажгите свечи деревянными спичками и поместите их в емкость. Огнем трех свечей сожгите бумагу с вашими желаниями и дайте свечам догореть.

Этот ритуал должен быть проведен точно в момент солнечного затмения. Остатки этого заклинания закопайте там, где на них может попасть Солнце, потому что таким образом ваше желание будет продолжать получать энергию.

Ритуал на материальное изобилие во время солнечного затмения.

Вам потребуется:

-1 кусок дерева

-1 белая свеча

-1 яйцо

-1 белая пластина

Положите дерево на тарелку, разбейте яйцо и положите его сверху, скорлупу поместите за пределами тарелки, с правой стороны, вместе с белой свечой, которую зажгите деревянной спичкой. Закройте глаза и сконцентрируйте свою энергию, прося Вселенную дать вам все необходимое, попросите, чтобы на вашем пути не было препятствий. Когда свеча догорит, выбросьте все в мусорное ведро.

Заклинание во время лунного затмения.

(Чтобы привлечь к себе добрые энергии и получить процветание).

Вам потребуется:

- 1 лист голубой бумаги

- Морская соль

- 1 большая серебряная свеча

- 3 розовых благовония

- 16 маленьких белых свечей

На листе бумаги с солью сформируйте круг. На круге, образованном солью, постройте два круга: один - с пятью маленькими свечами, другой - с внешней стороны с оставшимися одиннадцатью. Серебряную свечу поставьте в центр. Зажгите свечи в следующем порядке: сначала те, что во внутреннем круге, затем те, что снаружи, и, наконец, ту, что в центре. Зажгите благовония от самой большой свечи и поместите их в контейнер за пределами кругов. При этом визуализируйте свои пожелания процветания и успеха. Наконец, дайте всем свечам догореть. Остатки свечей можно выбросить в мусорное ведро.

Морская соль

Морская соль способна производить трансмутации на духовном уровне. Она является очистителем энергий и поэтому является одним из основных компонентов многих ритуалов.

Ритуал очищения дома.

Вам потребуется:

- 1 пакетик белой ткани

- 7 зерен крупной морской соли

- 3 листа розмарина

Положите в мешочек семь зерен морской соли и три листика розмарина. В пятницу, в период планеты Юпитер, оставьте его возле входной двери, но так, чтобы он не был виден. Меняйте его каждую пятницу в течение девяти недель подряд, мысленно повторяя следующую молитву при внесении зерен: "Я призываю своих духовных наставников, чтобы за каждое из этих зерен зло покинуло мой дом, а добро вернулось ко мне тысячу раз".

Ритуал очищения дома от дурных влияний.

Вам потребуется:

-7 столовых ложек крупной морской соли

-1 небольшой металлический сотейник

-7 таблеток древесного угля

-1 столовая ложка порошка корицы

-7 столовых ложек воды "Полнолуние

-1 белая свеча

Зажгите свечу у себя дома в большом месте. В металлической миске зажгите семь таблеток древесного угля, а на них насыпьте соль и корицу. Пройдитесь по всему дому, выпуская дым, и повторяйте вслух: "Из этого дома выходят все дурные влияния. Во имя архангелов Гавриила, Рафаила, Михаила и Уродила". По окончании вылейте на чашу семь чайных ложек священной воды. Это очищение необходимо проводить не менее двух дней подряд, начиная со вторника.

Ритуал очищения рук и получения денег.

Вам потребуется:

- Морская соль

- 1 белый кварц

- Священная вода

- 1 большая прозрачная стеклянная емкость

Поместите морскую соль в стеклянную емкость, добавьте святой воды до половины. Когда соль растворится сама, положите внутрь белый кварц. Сразу же опустите в емкость правую руку, затем левую, думайте о том, что белый кварц — это мыло и что вы моете им руки. Мысленно повторяйте про себя: "Мои руки свободны от всех негативных влияний, направленных на зарабатывание денег". Проводите этот ритуал один раз в месяц, в течение пяти месяцев, когда Луна находится в фазе полумесяца и, по возможности, в момент нахождения планеты Юпитер или Солнца.

Заклинание с солью против зависти к вашим деньгам.

Положите свою фотографию в полный рост на чистую, ровную, красную поверхность (это может быть ткань или картон). Окружите фотографию кружком морской соли и оставьте на семь дней. Каждый день добавляйте новую горсть морской соли. При этом необходимо концентрироваться на том, чтобы не допустить проникновения плохих энергий в окружающее пространство. По окончании работы выбросьте соль, а фотографию положите на стол, куда попадает свет.

Сахар

Сахар, как и соль, является еще одним важным ингредиентом. Он обладает защитными свойствами и широко используется для энергетического очищения, процветания и любви. Помимо привлечения богатства, он используется для привлечения духов или энергий. Его можно добавить в зелье для призыва или просто сжечь, чтобы вызвать сущность, с которой вы хотите пообщаться.

Энергетическое очищение дома с помощью сахара.

Вам потребуется:

- 3 горсти коричневого сахара

- 1 небольшая металлическая миска

- 3 угля

- 1 столовая ложка морской соли

- 4 листа руты

Поместите угли в запеканку, разожгите их. Затем добавьте остальные ингредиенты. Когда сахар начнет поджариваться, пройдитесь по всем комнатам дома, распространяя дым и повторяя вслух следующую фразу: "Пусть вся негативность, которая есть в этой комнате, вернется во Вселенную и растворится, подобно тому, как жар растворяет сахар".

Ритуал с сахаром для привлечения денежного изобилия в ваш дом.

Вам потребуется:

- 4 столовые ложки коричневого сахара

- 16 монет

- 4 зеленые свечи

- 1 глубокий фонтан с обильной священной водой.

Проводите этот ритуал в течение четырех дней, начиная с четверга на восходе солнца. Выберите тихое место в доме. Сделайте круг из монет вокруг фонтана и поставьте свечу с правой стороны. Зажгите свечу и насыпьте в воду четыре ложки сахара, думая при этом о материальном благополучии, которого вы желаете. Выберите четыре монеты, которые находятся ближе всего к свече, и по очереди бросьте их в воду, прося своих духовных наставников, чтобы в вашем доме никогда не было недостатка в деньгах. Дайте свече догореть. Повторяйте ритуал в течение следующих трех дней. Перед проведением этого ритуала рекомендуется очистить дом сахаром с помощью предыдущего ритуала или другим благовонием.

Заклинание для привлечения денег.

В день полнолуния положите в прозрачный стакан купюру общего пользования, затем наполните его сахаром до краев и оставьте на всю ночь при свете полной луны на открытом воздухе. Другой вариант - налейте в стакан до половины мед, а в другую половину - воду и положите внутрь три монеты. На следующий день вынуть купюру или монеты и завернуть в прозрачную бумагу. Ее следует всегда носить с собой в кошельке.

Привлечение денег за 11 дней.

В Полнолуние или Полумесяц поставьте на всю ночь под открытым небом чашку с сахаром, в которую положите несколько монет и цитрусовый кварц. На следующий день вынимаете монеты и раскладываете их в разных частях пола вашего дома, в углах, если не хотите на них наступать, а кварц храните в кошельке. Сахар вы оставляете в чашке на кухне. До истечения 11 дней деньги придут к вам. Когда это произойдет, закопайте монеты, а сахар выбросьте.

Заклинание с сахаром и морской водой для процветания.

Вам потребуется:

- Морская вода

- 3 столовые ложки сахара

- 1 стакан из синего стекла

Наполните чашку морской водой и сахаром, оставьте ее на открытом воздухе в первую ночь

Полнолуния и уберите в 6:00 утра. Затем откройте двери своего дома и начните разбрызгивать сахарную воду от входа к низу, используя бутылку с пульверизатором, при этом мысленно повторяйте: "Я привлекаю в свою жизнь все процветание и богатство, которые, как знает Вселенная, я заслуживаю, спасибо, спасибо, спасибо".

Корица

Он используется для очищения организма. В некоторых культурах считается, что ее сила помогает обрести бессмертие. С магической точки зрения корица связана с силой Луны, так как имеет женскую природу.

Ритуал для мгновенного привлечения денег.

Вам потребуется:

- 5 палочек корицы

- 1 сушеная цедра апельсина

- 1 литр святой воды

- 1 зеленая свеча

Доведите до кипения корицу, цедру апельсина и литр воды, затем дайте смеси настояться до остывания. Перелейте жидкость в бутылку с распылителем. Зажгите свечу в северной части гостиной вашего дома и опрыскайте все комнаты, повторяя при этом: "Ангел Изобилия, я призываю твое присутствие в этом доме, чтобы ни в чем не было недостатка, и у нас всегда было больше, чем нужно". По окончании поблагодарите трижды и оставьте свечу зажженной. Эту процедуру можно проводить в воскресенье или четверг в часы активности планеты Венера или Юпитер.

Чеснок

Подобно тому, как соль действует как защитник, а уксус - как блокиратор, доказано, что чеснок является наиболее эффективным нейтрализатором и очистителем плохих энергий. Древние маги рекомендовали его практически во всех своих рецептах.

Ритуал для изгнания плохих вибраций из вашего дома.

В течение двадцати одного дня вы должны повесить за входной дверью своего дома нитку с чесноком. На ней должно быть не менее пятнадцати головок чеснока. На верхнем конце привяжите красную ленту и воткните в нее три булавки. К нижнему концу привязать желтую ленту с семью булавками. Не следует употреблять этот чеснок в пищу, так как он соберет все негативное влияние в вашем доме. По истечении этого времени их можно будет увидеть следующим образом.

- Сухость: в вашем окружении все еще присутствуют негативные энергии. Поставьте их на место.

- Полость: в вашем доме не осталось плохих вибраций. Чеснок поглотил их.

- Уменьшение объема: плохие энергии легко входят и выходят из дома. Следует повесить по нитке чеснока с каждой стороны двери и зажигать белую свечу каждое воскресенье в час планеты Сатурн.

Мистическая формула с чесноком против невезения.

Вам потребуется:

- 3 головки чеснока

- 1 подкова с 7 отверстиями

- 1 белая свеча

- 1 красный тканевый мешок

- 1 черный турмалин или обсидиан

- Капли масла мяты или лимона

Начинайте этот ритуал в четверг, в момент нахождения планеты Марс. Налейте выбранное вами масло на свечу и зажгите ее. Поместите подкову отверстием влево, кварц в центр и зубчики чеснока вокруг свечи. Дайте свече догореть. Остатки воска, кварца и чеснока поместите в саше и добавьте еще три капли масла. Спите с ним под подушкой семь ночей подряд, а затем носите его с собой в качестве амулета.

Бразильский ритуал для привлечения процветания.

Вам потребуется:

- 7 головок чеснока

- 7 столовых ложек морской соли

- 7 листьев петрушки

- 7 листьев базилика

- 7 листьев мяты

- 7 литров священной воды

- 1 пластиковая ручка без крышки

Прокипятите все ингредиенты в течение тринадцати минут, дайте остыть, перелейте препарат в пластиковую ручку и положите ее под кровать. Там она должна находиться три ночи подряд. На четвертый день добавьте три горсти морской соли и выставьте на лунный свет на одну ночь, а на следующий день выбросьте ее подальше от дома, по возможности в место, где есть деревья (этот магический ритуал можно приготовить для очистки пола в доме или на предприятии). Желательно в четверг или пятницу в момент нахождения планеты Венера, Юпитер или Солнце.

Уксус

Уксус - один из самых эффективных бытовых ингредиентов для отпугивания плохих энергий. От стирки одежды, мытья полов, отпугивания нежелательных людей - его сила неисчислима.

Ирландский ритуал, позволяющий отгонять зависть от дома.

Поставьте в четырех углах вашего дома, совпадающих с четырьмя кардинальными точками, по небольшому стакану уксуса на девять дней. На десятый день добавьте в каждый из них по горсти морской соли, а на одиннадцатый и двенадцатый - еще немного уксуса. По истечении двенадцати дней смойте всю жидкость из ванны, зажгите белую свечу и поблагодарите своих духов-проводников за то, что они не пускают в ваш дом всякую нечисть.

Очистите одежду от негативных энергий.

Если вы заметили, что дела у вас давно не ладятся, то, скорее всего, ваша одежда пропитана негативными энергиями. После стандартной стирки замочите их на час в соотношении девять литров воды и один литр уксуса. Не полощите их. Когда вывешиваете одежду для просушки, вешайте ее вверх ногами и всегда самыми широкими частями вверх.

Мед

Используемый на протяжении многих веков, мед, возможно, наряду с сахаром, является наиболее подходящим ингредиентом для проведения ритуалов любого магического уровня.

Ритуал с медом для привлечения процветания в вашу жизнь.

Вам потребуется:

- 1 белая свеча

- 1 синяя свеча

- 1 зеленая свеча

- 3 аметиста.

- ¼ литра чистого меда

- Розмари.

- 1 новая швейная игла

В понедельник, в час Луны, напишите на зеленой свече символ денег ($), на белой - спектакль, а на синей - астрологический символ планеты Юпитер (). Затем покройте их медом и посыпьте корицей и розмарином, в таком порядке. Затем расположите их в форме пирамиды: зеленая свеча - вверху, синяя - слева, белая - справа. Рядом с каждой свечой положите по аметисту. Зажгите их и попросите своих духовных наставников или ангела-хранителя о материальном благополучии. Вы увидите потрясающие результаты.

Перец

Оккультисты не раз демонстрировали его магические свойства.

Марокканский ритуал для предотвращения проникновения негативных энергий в ваш дом.

Вам потребуется:

- Небольшие стаканы или маленькие чашки (в зависимости от количества окон в вашем доме).

- Молотый перец

- 1 белая свеча

- 1 зеленая свеча

- 1 желтая свеча

- 3 обычные монеты

- 1 голубая лента

- 1 золотая лента

Этот ритуал следует проводить в воскресенье, четверг или пятницу, но обязательно в час Солнца.

Посыпьте перцем двери вашего дома, всегда обращенные внутрь. Оставшийся перец разложите по маленьким чашечкам или стаканчикам, которые поставьте в каждое из окон дома. Затем поставьте в столовой белую свечу, а рядом с ней - монеты. На кухне поставьте зеленую свечу, к которой привяжите синюю ленту, и, наконец, в спальне -

желтую свечу с золотой лентой. Зажигая их, повторяйте следующие слова: "Я крещу силу перца для охраны моего дома через эти свечи, чтобы духи, охраняющие мой дом, стали более энергичными и сильными".

Египетский ритуал с перцем для отгона завистников.

Вам потребуется:

- 9 горошин перца

- 1 болгарский перец чили

- 3 столовые ложки оливкового масла

- Алюминиевая фольга

- 1 черный турмалиновый кварц

Смешайте первые три ингредиента и обмажьте ими черный турмалин. Трижды ударив по нему ладонью с обеих сторон, повторите следующую молитву: "Во имя Анубиса и Гора все люди, завидующие тому, чем я обладаю, будут далеко от меня". Закопайте турмалин, завернутый в алюминиевую фольгу, в месте, куда не светит солнце, как можно дальше от дома.

Перец для привлечения денег.

Вам потребуется:

- 7 горошин черного перца

- 7 листьев руты

- 7 зерен крупной морской соли

- 1 маленький красный тканевый мешочек

- 1 красная лента

- 1 цитрусовый кварц

Поместите все ингредиенты в пакетик. Закройте его красной лентой и оставьте на всю ночь под светом полной луны. Затем девять дней спите с ним под подушкой. Носите его с собой в незаметном месте на теле.

Чай

Самому древнему и распространенному в мире настою посвящены тысячи историй, мифов и ритуалов. Все маги признают магические свойства чая.

Арабский ритуал для привлечения денег.

Вам потребуется:

- 3 столовые ложки чая

- 3 столовые ложки тимьяна (Thymus vulgaris)

- 1 щепотка мускатного ореха

- 3 угля

- 1 небольшая металлическая кастрюля с ручками

- 1 небольшой сундук

Поместите угли в сотейник, зажгите их и добавьте остальные ингредиенты. Когда огонь погаснет, поместите остатки в маленький сундучок и держите его в своей комнате в течение одиннадцати дней. Затем закопайте его в цветочном горшке или на заднем дворе. Этот ритуал следует начинать в четверг.

Лимон

Это очень мощный цитрусовый очиститель и проводник энергий, его рекомендуют использовать во многих магических ритуалах.

Энергетическая очистка нашего автомобиля.

Вам потребуется:

- Цедра трех лимонов.

- Сок трех лимонов

- 1 л белого уксуса

- 7 зерен крупной морской соли

- 1 мягкая губка

Всегда проводите этот ритуал в пятницу, в период действия планеты Юпитер.

Прокипятить лимонную цедру и сок в уксусе в течение 10 минут. Процедите и дайте остыть. Затем с помощью губки проведите жидкостью по автомобилю, начиная изнутри, с левой стороны, затем с правой, и снаружи, наоборот.

Малазийская ванна с лимоном и водой полнолуния для удачи.

Вам потребуется:

- Металлический поддон

- 3 измельченных лимона

- 1 столовая ложка коричневого сахара

- Вода полнолуния

Смешать ингредиенты и в течение 10 минут кипятить их. Затем эту смесь вылить в горячую воду в ванне и принимать ванну не менее 15 минут. Если ванны нет, можно ополоснуться ею.

Израильский ритуал для зарабатывания денег.

Разрежьте лимон пополам и выжмите обе половинки, оставив только две верхушки. Лимонный сок не нужен, его можно использовать для других целей. Положите в одну из половинок три обычные монеты, закройте их и сверните золотой лентой. Закопайте в горшок с растением лютея (Amoena, Dieffenbachia). Ухаживайте за растением с большой любовью.

Ритуал для увеличения продаж.

Поместите на своем предприятии серебряную монету в стакан с лимонным соком, рядом со стаканом положите магнит. Стакан следует поставить рядом с главной кассой или сейфом, где хранятся деньги. Если предприятие большое, поставьте его рядом со столом сотрудника, отвечающего за бухгалтерию.

Базилик

Магические свойства листьев базилика известны с древних времен. Его использовали в ваннах и благовониях для отпугивания негативных энергий и обеспечения благополучия и процветания. Сегодня в некоторых районах Центральной Африки он используется в качестве ингредиента для изгнания злых духов. Сам факт наличия горшка с этим растением в нашем доме приносит нам добрую энергию и экономическое благополучие.

Базиликовая ванна для процветания.

Делать это нужно в пятницу в час планеты Венера.

В кастрюле необходимо вскипятить листья базилика, лавровый лист и три столовые ложки меда. Когда закипит, снять с огня и дать остыть. Принимайте ванны с этим настоем, и вы заметите, что ваше материальное положение значительно улучшится.

Ритуал с базиликом для процветания. (2)

Необходимо вскипятить два литра священной воды с листьями базилика. Дайте ей остыть и перелейте в хрустальный контейнер, куда положите еще свежие листья базилика и белый кварц. Оставьте эту емкость с кристаллом на открытом воздухе, чтобы получить безмятежность Луны. На следующий день, после обычной ванны, ополоснитесь этим отваром. Не вытирайтесь полотенцем. Кварц положите в сумочку в качестве амулета.

Ритуал для удаления негативных вибраций из дома и привлечения материального изобилия. (3)

Вам потребуется:

- 9 листьев базилика

- 9 головок чеснока

- 9 листьев сельдерея

- 9 листьев мяты

- 9 зерен морской соли

- 9 литров святой воды или морской воды

- 1 запеканка

Проводите этот ритуал в субботу в период планеты Сатурн или Солнца. Наиболее эффективен он в фазе убывающей гибнущей Луны.

Все ингредиенты следует прокипятить в течение 15 минут в священной воде. Затем процедите и протрите настоем свой дом. Если у вас осталось немного, можно принять ванну с этим настоем.

Очистка бизнеса для процветания. (4)

Вам потребуется:

- Листья базилика

- 7 зубчиков чеснока

- Листья розмарина

- Листья шалфея

- 7 листьев руты

- 7 листьев мяты

- Душица

- 7 листьев петрушки

- Морская соль

- 10 литров священной воды или воды Полной Луны

Все ингредиенты кипятить в течение одного часа. После остывания процедить и распределить семь столовых ложек этой жидкости по внутренним и внешним углам своего бизнеса в течение девяти дней подряд. Начинать этот ритуал следует всегда в период активности планеты Венера или Юпитер.

Розмари

Считается одной из самых используемых в колдовстве ароматических трав. Его назначение - усиливать любовь и страсть, не забывая при этом, что он необходим для изгнания всех видов негативных энергий. Он необходим для трансформации вибраций и привлечения в нашу жизнь материального благополучия.

Турецкое заклинание для материального процветания.

Вам потребуется:

- 3 веточки розмарина

- 3 зернышка крупной морской соли

- 1 золотая свеча в форме пирамиды

- 3 чайные ложки семян горчицы

- 1 небольшая фаянсовая миска

- 3 горсти земли

Проводите этот ритуал в момент Солнца, по возможности в фазе Полумесяца Гибнущей Луны.

Внесите в горшок компоненты ритуала. Поместите препарат за золотой свечой и зажгите ее. Пока свеча горит, мысленно повторяйте следующие слова: "Этот горшок удачи приносит в мои руки все богатства Вселенной и отводит от меня дурные влияния". Когда свеча догорит, бросьте все остатки перед тем местом, где вас ждет процветание.

Ритуалы для процветания в разные фазы Луны

Все мы слышали о Луне и ее влиянии на жизнь на нашей планете. Тема эта обширна, но доказано, что ее влиянию подвержены приливы и отливы, животные и люди, все и вся. Все эзотерические традиции и колдовство работают с энергиями Луны. Луна окружена тайной. Она является символом трансформации и мудрости.

Ритуал с новолунием. (1)

Вам потребуется:

- 1 зеленая свеча

- 1 керамическая пластина

- 1 лист коричневой бумаги или бумаги для картриджей

- 1 карандаш

Напишите на бумаге свои пожелания о работе, деньгах или процветании, сложите ее пополам и положите на тарелку. Зажгите зеленую свечу и поставьте ее на бумагу. Сконцентрируйтесь на своем желании и представьте, что оно исполнится. Дайте свече полностью догореть, сжигая при этом и бумагу. Соберите остатки воска и бумаги и закопайте их. Никому не говорите о том, что вы проводили этот ритуал, и о том, где вы закопали останки. Проводите этот ритуал в три ночи новолуния.

Ритуал новолуния. (2)

Вам потребуется:

- Спички

- Сандаловое благовоние

- 1 серебряная свеча в форме пирамиды.

Зажгите благовония и распустите дым во всех уголках дома. Оставьте благовония гореть и зажгите серебряную свечу. Сосредоточьтесь на своей просьбе на некоторое время, чтобы визуализировать ее. Трижды повторите следующую молитву: "Новолуние, дай мне силы справиться с моими экономическими проблемами, ты - мой проводник в поисках процветания и денег. Я с благодарностью принимаю твою мощную энергию". Дайте свече и благовониям полностью догореть. Остатки можно выбросить в мусорное ведро.

Сетка процветания. Гиблый полумесяц или полнолуние. (3)

Возьмите золотую свечу и швейной иглой напишите на ней свое имя, начиная от фитиля вниз. Также напишите слова: изобилие и процветание. Поставьте ее на глубокое белое фаянсовое блюдо. Затем обложите ее лавровыми листьями и анисом. Зажгите свечу и, сосредоточившись на ее пламени, мысленно повторите следующее обращение: "Я благодарю Вселенную за то, что как горит это золотое пламя, так есть и будет всегда мое материальное благополучие. Да будет так, да будет так, да будет так". Дайте свече догореть до конца, а затем закопайте ее остатки в горшке с желтыми цветами.

Ритуал с банкнотой для привлечения денег в период Луны в четверти полумесяца. (4)

Проводить этот ритуал нужно в четверг в момент Солнца или планеты Венера.

Вам потребуется:

- 1 обыкновенная банкнота

- 1 большая желтая свеча

- 2 лавровых листа

- Тимьян

- 1 золотая лента

Зажгите свечу и капните по капле воска на каждый из углов купюры, в центр купюры налейте четыре капли воска. На эти четыре капли капните щепотку тимьяна и один из лавровых листьев. Затем на этот лавровый лист капните три капли воска и сверху положите другой лавровый лист так, чтобы они образовали крест. Сверните купюру так, чтобы лавр оказался внутри. Завяжите ее золотой лентой, сделав семь маленьких узелков. Затем повторите следующее прошение: "Семь раз по семь, пусть деньги приходят в изобилии". Когда свеча будет полностью израсходована, выбросьте ее остатки. Билет следует хранить в кошельке или в кассе вашего предприятия.

Ритуал на выигрыш в лотерею. Полнолуние. (5)

В ночь полнолуния соберите все не выигранные лотерейные билеты и сожгите их с помощью золотой свечи, мысленно повторяя при этом: "Пусть весь ваш прах вернется в мою жизнь в виде выигрышей и призов". Менее чем через 40 дней Вы получите вознаграждение.

Обретение экономического процветания.
Луна в четверти полумесяца. (6)

Вам потребуется:

- 3 веточки свежего розмарина

- 3 зернышка крупной морской соли

- 1 желтая свеча

- 3 чайные ложки семян горчицы

- 1 глиняный горшок

- 3 порции земли

Положите в кастрюлю крупинку крупной морской соли, горсть земли, чайную ложку горчицы и веточку розмарина в следующем порядке. Повторяйте процедуру до тех пор, пока все ингредиенты не окажутся в горшке. Поставьте перед горшком желтую свечу и зажгите ее, а тем временем повторите вслух следующее обращение: "Пусть этот горшок процветания привлечет в мои руки сокровища земли, отвлечет от меня дурное влияние и привлечет в мою жизнь изобилие". Когда свеча погаснет, закопайте все остатки в саду или в горшке с цветущими растениями.

Вам потребуется:

- 1 золотая монета или золотой предмет, без камней.

- 1 медная монета

- 1 серебряная монета

В ночь полумесяца с монетами в руках подойдите к месту, где их освещают лучи Луны. Подняв руки вверх, повторяйте: "Луна помоги мне, чтобы моя удача всегда росла и процветание всегда сопровождало меня". Пусть монеты звенят в ваших руках. Затем храните их в кошельке. Этот ритуал можно повторять каждый месяц.

Новолуние, денежный вестник. (8)

Вам потребуется:

-1 серебряная монета.

Пусть монета обретет спокойствие первого дня новолуния. После этого можно хранить ее там, где лежат деньги. Повторять этот ритуал нужно каждый месяц, потому что со временем эта монета станет вашим магическим талисманом для денег.

Защита бизнеса от черной магии. Полумесяц. (9)

Вам потребуется:

- 1 долька чеснока.

- 4 серебряные монеты.

- 1 кусок черной ткани

- 1 плоская белая стеклянная тарелка

- 1 белая свеча

В день полумесяца повесьте нитку чеснока на внутреннюю сторону входной двери вашего предприятия. В углу вашего магазина, который находится с левой стороны и сзади, разверните черную ткань, на четырех углах которой положите монеты. Затем поставьте свечу на тарелку, положите ее поверх ткани и зажгите свечу, дайте ей полностью прогореть. Монеты ни в коем случае не тратьте, заверните их в черную ткань и спрячьте в кассу.

Кубинский ритуал изобилия. Полумесяц Гиббонс Мун. (10)

Вам потребуется:

-1 столовая ложка меда

-1 ложка белого или яблочного уксуса

В период Гиблого полумесяца, перед выходом на работу, а также в период планеты Юпитер или Венера вымойте руки, как вы это обычно делаете. Затем ополосните их уксусом, полейте медом и снова ополосните, но не вытирайте насухо, при этом мысленно повторяйте: "Деньги придут и останутся со мной". Затем энергично хлопните в ладоши.

Ритуал на процветание при открытии бизнеса. Полумесяц. (11)

Вам потребуется:

- 1 новая прозрачная ваза

- 5 монет

- Священная вода

- 1 зеленая лента

- 1 букет руты

- 1 пучок розмарина

- 1 пучок петрушки

Если вы начинаете открытие своего бизнеса в период Полумесяца, то вам посчастливится провести этот ритуал. Наполните вазу священной водой, насыпьте в нее монеты. Возьмите все пучки растений и сформируйте букет, к которому привяжите зеленую ленту и сделайте бант. Поместите его в вазу. Этот ритуал можно повторять, когда захочется. Если лента испортилась, поменяйте ее, если ваза повреждена, замените ее, то же самое сделайте с букетом. Если вы видите, что монеты испачкались, очистите их водой, моющим средством и небольшим количеством флоридской воды.

Бат привлечет экономическую выгоду в полумесяц. (12)

Вам потребуется:

- 1 растение руты

- Цветочная вода

- 5 желтых цветков

- 5 столовых ложек меда

- 5 палочек корицы

- 5 капель эссенции сандалового дерева

- 1 палочка сандалового ладана

В первый день полумесяца в час благоприятный для процветания, прокипятите в течение пяти минут все ингредиенты, кроме флоридской воды и благовоний. Разделите эту ванну на части, так как делать ее нужно в течение пяти дней. Ту, которую вы не используете, следует хранить в холоде. Добавьте в смесь немного "Флоридской воды" и зажгите благовония. Примите ванну и ополоснитесь, как обычно. Медленно опускайте препарат от шеи к ногам. Делайте это в течение пяти дней подряд.

Приготовление лягушки в качестве денежного амулета. Новолуние. (13)

Вам потребуется:

- 1 лягушка из любого материала, кроме ткани.

- Масло сандалового дерева

Это очень просто: в первый день новолуния натрите сандаловым маслом лягушку и растирайте ее, мысленно повторяя: "Лягушка-лягушка привлекает ко мне деньги". Повторять это нужно в течение 3 минут. Затем всегда носите ее с собой. Когда вам понадобятся деньги, повторите эту фразу семь раз и погладьте лягушку по спинке.

Ритуал, гарантирующий процветание перед открытием бизнеса. Полумесяц. (14)

Вам потребуется:

- 1 Круглый стол

- 1 желтая ткань

- 3 золотые свечи

- 3 голубые свечи

- Пшеница

- Рис

В укромном и тихом месте вашего дома поставьте круглый стол, который вымойте уксусом. Постелите на него желтую ткань. Зажгите 3 золотые свечи в форме треугольника, начиная со свечи на кончике, по часовой стрелке. В середину насыпьте горсть пшеницы и при этом визуализируйте все благополучие, которое принесет вам новый бизнес. На вторую ночь поставьте рядом с золотыми свечами 3 синие свечи, зажгите их, а на место пшеницы положите горсть риса. Сконцентрируйте свое внимание на успехе. Когда свечи догорят, заверните все в желтую ткань и закопайте.

Заклинание для процветания бизнеса, которому грозит крах. Восходящая четверть Луны. (15)

Вам потребуется:

- Кукурузная мука

- Розовая вода

- Сахар

- Мед

- Хлебные крошки

- 2 медные монеты

- 2 камня пирита

- 1 красный тканевый мешок

- 1 белая бумага, на которой вы напишете название магазина и адрес

- 1 небольшой деревянный ящик

- 1 золотая свеча

Необходимо приготовить шар, замесив муку и розовую воду, другой шар - из сахара, меда и сухарей. Внутрь каждого шара положите медную монету и пирит. Положите оба теста и белую бумагу с названием предприятия в красный тканевый мешочек. Положите все в небольшую деревянную шкатулку и зажгите золотую свечу. Это заклинание следует произносить в период активности планеты Юпитер.

Ритуал для увеличения клиентуры. Гибридный полумесяц. (16)

Вам потребуется:

- 5 листьев руты

- 5 листьев вербены

- 5 листьев розмарина

- 5 зерен крупной морской соли

- 5 кофейных зерен

- 5 зерен пшеницы

- 1 магнитный камень

- 1 белый тканевый мешок

- Красная нить

- Красные чернила

- 1 визитная карточка

- 1 горшок с крупным зеленым растением

- 4 цитрусовый кварц

Поместите в белый пакет все материалы, кроме магнита, карточки и цитринов. Затем зашейте его красной нитью, а снаружи красными чернилами напишите название бизнеса. На целую неделю оставьте мешочек под прилавком или в ящике стола. По истечении этого времени закопайте его на дно цветочного горшка рядом с магнитным камнем и визитной карточкой. И наконец, положите на землю горшка четыре цитрина в направлении четырех кардинальных точек.

Перуанский ритуал для ускорения продаж. Новолуние. (17)

Это эффективный рецепт защиты денег, умножения продаж в вашем бизнесе и энергетического оздоровления помещения.

Вам потребуется:

-1 зеленая свеча

-1 монета

- морская соль

-1 щепотка острого перца

Проводить этот ритуал следует в четверг или воскресенье в момент нахождения планеты Юпитер или Солнца. В помещении предприятия не должно быть других людей.

Зажгите свечу и вокруг нее в форме треугольника положите монету, горсть соли и щепотку острого перца. При этом перец необходимо класть справа, а горсть соли - слева. Монета должна находиться на вершине пирамиды. Постойте несколько минут перед свечой и визуализируйте все, что вы желаете себе в плане процветания. Остатки можно выбросить, а монету храните на своем рабочем месте для защиты.

Сомалийский ритуал привлечения денег в полнолуние. (18)

Вам потребуется:

- 1 серебряная монета

- 1 золотая свеча

- 1 белая кварцевая точка

- Морская соль

- Чаша со Священной водой

- 1 ладан с корицей

- 1 металлический лоток

На небольшом круглом столике вы разместите по одному ингредиенту из каждой стихии. Поднос с морской солью символизирует землю, свеча - огонь, чаша со священной водой - воду, а благовония - воздух. Поднимите каждый символ к небу, указывая на ту кардинальную точку, которая его олицетворяет. После этого зажгите свечу. Поместите монету и кварцевую точку в чашу с водой, зажгите благовония и пронесите чашу с монетой над свечой, повторяя: "Прекрасная Луна, принеси мне процветание, наполни мои руки деньгами". Повторите это пять раз. Когда свеча догорит, выбросьте воду, а монету и кварц храните в тайном месте, где их никто не сможет тронуть.

Материальное процветание с Полнолунием. (19)

Вам потребуется:

- 7 монет общего пользования, но высокой стоимости

- 7 лавровых листьев

- 1 глубокая чаша

- Крупная морская соль

Варить лавровые листья в воде до тех пор, пока вода не станет темно-зеленой. Снимите с огня и подождите, пока она достаточно остынет. Затем наполните миску морской солью, промойте монеты в воде с экстрактом лаврового листа и закопайте их в морскую соль. Выньте приготовленные лавровые листья и положите их в миску. Во время этого процесса просите об увеличении своего благосостояния, визуализируйте его. Храните миску с монетами, солью и лавровыми листьями в недоступном месте.

Материальное изобилие в течение всего года. Полнолуние. (20)

Вам потребуется:

- 1 стакан священной воды

- 1 виноград

- 1 купюра текущего использования низкого номинала

- Коричневый сахар

- 1 белый носовой платок

Положите виноградину и купюру в чашу, наполненную священной водой. Оставьте ее под светом полной луны, по возможности на открытом воздухе. В течение следующих трех ночей после полуночи добавляйте по чайной ложке коричневого сахара. На четвертый день положите купюру сушиться на солнце, а когда она высохнет, заверните ее в белый платок. Храните купюру в кошельке или бумажнике, которым вы не пользуетесь, а виноградину закопайте в банку с землей. Для гарантии успеха этого ритуала повторяйте его пять раз в год. Использованные купюры следует хранить в том же платке, а виноград закапывать.

Ритуал на удачу в азартных играх. (21)

На лотерейном билете на лицевой стороне пишется сумма денег, которую вы хотите выиграть, а на обратной стороне - ваше имя. Сожгите билет с помощью зеленой свечи. Соберите пепел в фиолетовую бумагу и закопайте его.

Создайте свой камень, приносящий деньги. Полнолуние. (22)

Вам потребуется:

- Земля

- Священная вода

- 7 монет любого номинала

- 7 камней пирита

- 1 зеленая свеча

- 1 чайная ложка корицы

- 1 чайная ложка морской соли

- 1 чайная ложка коричневого сахара

- 1 чайная ложка риса

Проводить этот ритуал следует при свете полной луны, на открытом воздухе.

В миску налить воду с землей так, чтобы получилась густая масса. Добавьте в нее чайные ложки соли, сахара, риса и корицы и положите в разных местах, в середине массы, 7 монет и 7 пиритов. Равномерно перемешайте эту смесь, разровняйте ее ложкой. Оставьте емкость под светом полной луны на всю ночь, а часть следующего дня - на солнце, чтобы она высохла. После высыхания занесите его в дом и поставьте на него зажженную зеленую свечу. Не очищайте камень от остатков воска. Поместите его на кухне, как можно ближе к окну.

Заработать деньги с помощью Лунной чаши. Полнолуние. (23)

Вам потребуется:

- 1 стеклянный стакан

- 1 большая тарелка

- Мелкий песок

- Золотой блеск

- 4 чашки морской соли

- 1 малахитовый кварц

- 1 стакан морской, речной или святой воды

- Палочки корицы или порошок корицы

- Свежий или сушеный базилик

- Свежая или сушеная петрушка

- Зерна кукурузы

- 3 купюры текущего номинала

Поместите в стакан три сложенные купюры, палочки корицы, зерна кукурузы, малахит, базилик и петрушку. Смешайте блестки с песком и добавьте их в стакан, пока он не заполнится. Под светом полной Луны поставьте тарелку с четырьмя чашками морской соли. Поместите чашу в центр тарелки в окружении соли. Налейте в чашу священной воды так, чтобы она хорошо увлажнила соль, оставьте ее на всю ночь при свете полной луны и часть дня, пока вода не испарится и соль не станет сухой. Добавьте в чашку четыре-пять зерен соли, а остальное выбросьте. Уберите чашку в дом, на видное место или туда, где вы храните деньги. Каждый день полнолуния высыпайте немного содержимого чашки во все углы дома, а на следующий день подметите.

Ритуал изобилия с лимоном. Убывающая четверть Луны. (24)

Вам потребуется:

(Выполнить его в период планеты Сатурн)

- 1 большой лимон

- 1 белая тарелка

- 1 квадрат Сатира (его можно распечатать или сделать вручную).

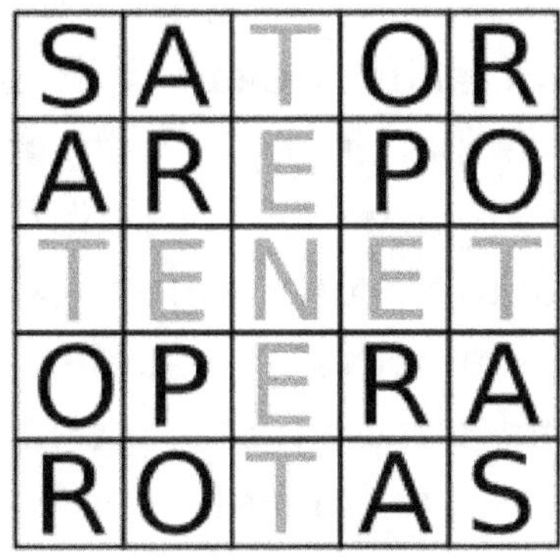

Площадь Сатира.

Разрежьте ножом лимон в виде креста и повторяйте при этом следующие слова: "Я удаляю из своей жизни все плохие мысли и все негативные присутствия; я приветствую процветание и изобилие". Положите лимон на квадрат Сатира на белой тарелке и положите его под кровать, на ту сторону, где вы спите, на семь ночей, затем достаньте его, выбросьте лимон и сожгите квадрат.

Магическое зеркало для денег. Полнолуние. (25)

Возьмите зеркало диаметром 40–50 см и покрасьте раму в черный цвет. Омойте зеркало святой водой и накройте его черной тканью. В первую ночь полнолуния подставьте его под лучи Луны так, чтобы в зеркале был виден весь лунный диск. Попросите Луну освятить это зеркало, чтобы оно освещало ваши желания. В следующую ночь полнолуния нарисуйте карандашом для губ денежный символ 7 раз ($$$$$$$). Закройте глаза и представьте себя с желаемым материальным изобилием. Оставьте нарисованные символы до следующего утра. Затем очистите зеркало до полного исчезновения следов использованной краски, используя священную воду. Положите зеркало на место, где его никто не будет трогать. Для повторения заклинания необходимо три раза в год в полнолуние заряжать зеркало энергией. Если вы сделаете это в планетарный час, связанный с процветанием, вы добавите суперэнергию к своему намерению.

Заклинание "Открыть пути к изобилию". Выполнять через 24 часа после новолуния. (26)

Вам потребуется:

- Лавр

- Розмарин

- 3 золотые монеты

- 1 золотая свеча

- 1 серебряная свеча

- 1 белая свеча

Поставьте свечи в форме пирамиды, рядом с каждой положите монету, а в середину этого треугольника - листья лавра и розмарина. Зажгите свечи в таком порядке: сначала серебряные, белые и золотые. Повторите следующее обращение: "Силой очищающей энергии и бесконечной энергии я призываю на помощь всех защищающих меня сущностей для исцеления моей экономики".

Дайте свечам полностью догореть, а монеты сохраните в кошельке; эти три монеты нельзя тратить. Когда лавр и розмарин высохнут, сожгите их и пропустите дым этого благовония через свой дом или предприятие.

Заклинание, чтобы стать миллионером. Полнолуние. (27)

Вам потребуется:

- 3 пирита или цитрусового кварца.

- 3 золотые монеты

- 1 золотая свеча

- 1 красный пакет

В первый день полнолуния поставьте стол у окна, из которого можно наблюдать полнолуние, на столе разложите монеты и кварц в форме треугольника. Зажгите свечу, поставьте ее в центр и, глядя на Луну, трижды повторите следующую молитву: "Полная Луна, освещающая мою жизнь, используй силу, которой ты обладаешь, чтобы привлечь ко мне деньги и сделать так, чтобы эти монеты умножились". Когда свеча догорит, положите монеты и кварц правой рукой в красный мешочек и носите их всегда с собой, это будет ваш талисман для привлечения денег, никто не должен его трогать.

Ритуал на получение работы. Полнолуние. (28)

Вам потребуется:

- 1 зеленая свеча

- Листья мяты перечной

- Масло сандалового дерева

- 1 столовая ложка порошка корицы

- 1 швейная игла

На зеленой свече иголкой пишется "Желаю иметь отличную работу", затем свечу нужно освятить руками, втирая сандаловое масло и посыпая корицей. Зажгите свечу и положите вокруг нее листья мяты. Когда свеча догорит, можно выбросить все в мусорное ведро.

Ритуал для людей, которые хотят работать впервые. Новолуние. (29)

Этот ритуал проводится в новолуние или четверть полумесяца в момент нахождения планеты Марс или Меркурий.

Вы ставите семь желтых свечей вокруг своей фотографии. Во время этого ритуала воскурите сандаловое благовоние. Возьмите немного петрушки и положите ее вокруг фотографии. Сконцентрируйтесь на основной цели (получение работы). Затем зажгите желтые свечи против часовой стрелки. Произнесите три раза подряд следующую молитву: "Мой Ангел-Хранитель, дай мне работу по (назовите профессию, которую вы хотите получить)". Остатки свечей и фотографию следует закопать.

Заклинание для повышения экономического дохода. Полумесяц. (30)

Вам потребуется:

- 1 желтый носовой платок

- 1 золотая свеча

- 4 золотые монеты

- 1 белый фарфоровый горшок

- 4 ложки меда

- 1 желтая роза

- 1 небольшой восьмиугольный лист бумаги

- Черные чернила

- 1 металлический котел

Поставьте металлический котелок на желтый платок, вставьте в него золотую свечу с вставленными в нее четырьмя монетами и емкость с медом. Поверх меда положите желтую розу. Напишите черными чернилами свое прошение на бумаге и вставьте ее в шар. Зажгите свечу на полчаса утром и вечером, повторяя вслух просьбу, которую вы написали на бумаге. По истечении получаса необходимо накрыть все, что находится в платке. Через девять дней возьмите остатки свечи, сосуд с медом и цветок, оберните все это циновкой и завяжите семью узлами. Правой рукой с закрытыми глазами бросьте сверток в море или в реку с движущимися водами в момент нахождения планеты Венера.

Полумесяц "Денежный магнит". (31)

Вам потребуется:

- 1 пустой бокал для вина

- 2 зеленые свечи

- 1 горсть белого риса

- 12 монет, являющихся законным платежным средством

- 1 магнит

- Белый рис

Зажгите две свечи, по одной с каждой стороны бокала. На дно бокала положите магнит. Затем возьмите горсть белого риса и положите его в бокал. Затем положите в бокал двенадцать монет. Когда свечи будут израсходованы до конца, положите монеты в уголок процветания в вашем доме или бизнесе.

Приворот на быстрое привлечение денег. Новолуние. (32)

Вам потребуется:

- 1 купюра законное платежное средство, независимо от ее стоимости.

- 1 медный контейнер.

- 8 золотых монет законного платежного средства или китайских монет.

- 1 веточка сушеного базилика

- Зерна риса.

- 1 пакет золотого цвета

- 1 желтая лента

- 1 белый мел

- Крупная морская соль

- 9 золотых свечей

- 9 зеленых свечей

Выполните его в период планеты Юпитер.

Нарисуйте белым мелом круг, желательно во дворе (если такой возможности нет, сделайте это на полу в комнате с окнами, которые можно оставить открытыми). После полуночи поставьте медный контейнер в центр круга, сложите купюру на четыре равные части и положите ее внутрь медного контейнера. В этот же контейнер следует положить сушеный базилик, рис, мешочек, желтую ленту и восемь монет. Вокруг контейнера, внутри круга, поставьте девять зеленых свечей. С внешней стороны круга поставьте девять золотых свечей. С помощью морской соли сделайте третий круг за пределами двух рядов свечей. Затем зажгите зеленые свечи, двигаясь по часовой стрелке и повторяя вслух следующее заклинание: "Я прошу Солнце наполнить меня золотом, Луну - серебром, а великую планету Юпитер - наводнить меня богатством". По окончании заклинания начните зажигать свечи золотого цвета, но на этот раз против часовой стрелки, и повторите предыдущую молитву. Когда свечи будут догоревшими, сметите все остатки в сторону выходной двери, соберите их и положите в нейлоновый мешок. Этот мешок следует выбросить на перекрестке. Рис, пучок базилика и семь золотых монет положите в мешочек и перевяжите ленточкой. Это будет служить амулетом. Купюру храните в кошельке или бумажнике, которым вы не пользуетесь.

Мексиканское подслащивание для привлечения процветания. Новолуние. (33)

Вам потребуется:

-1 свеча светло-голубого или розового цвета

-1 лист древесной бумаги. (Коричневая бумага)

-1 белая свеча

- 1 металлический контейнер с ручками

- Уголь

- Апельсин, мята, розмарин и луковая кожура

- Коричневый сахар

- Лепестки роз

- 1 ключ

- Монеты любого достоинства

- 7 свечей: черная, зеленая, красная, оранжевая, белая, голубая, фиолетовая, белая, пурпурная

- Саше

- 1 красная лента

- 1 фотография в полный рост

Этот ритуал следует проводить в четверг или воскресенье в период планеты Юпитер.

На столе, который будет служить алтарем в этом ритуале, зажгите уголь в металлической кастрюле и добавьте туда кожуру апельсина, мяты, розмарина и лука. С контейнером обойдите весь дом, окуривая все углы комнат. Начинать следует с левой стороны от входной двери дома и дойти до задней части дома. Затем оставьте контейнер у входной двери, чтобы сгорели все угли и травы. В центре алтаря поставьте белую свечу рядом со своей фотографией. Эту свечу вы зажжете первой, так как она служит вам защитой. Затем поставьте синюю свечу, вокруг нее положите немного коричневого сахара. Затем на деревянной бумаге напишите: "Пусть этот ритуал преградит мне путь к удаче, и пусть деньги в изобилии попадут в мои руки".

Сложите бумагу на четыре равные части и положите ее в центр алтаря. Затем установите на алтаре семь свечей в форме круга по часовой стрелке в следующем порядке: черная свеча, зеленая свеча, красная свеча, оранжевая свеча и, наконец, фиолетовая свеча. Положите также лепестки роз, ключ и монеты. Из оставшегося сахара и пепла сделайте небольшую дорожку, которая будет идти от каждой из пяти свечей к белой свече, которую Вы поставили в самом начале. Очень хорошо сконцентрировавшись, начните зажигать сначала черную свечу, которая выполняет функцию отсечения всех негативных энергий, которые могут появиться на пути, визуализируя, как все, что мешает вашему процветанию, уходит. Затем вы зажжете зеленую свечу, красную, оранжевую, белую, синюю и, наконец, фиолетовую. В заключение вы попросите, чтобы вам сопутствовал успех, и чтобы изобилие никогда не покидало вас. Когда свечи будут израсходованы, положите лепестки, ключ и монеты в мешочек и завяжите его красной лентой. Этот мешочек будет использоваться как талисман удачи. Остальные свечи и благовония положите в полиэтиленовый пакет и поставьте его в углу торгового центра.

Африканская ванна с мочой для привлечения процветания. Новолуние и полнолуние. (34)

Хочу заметить, что моча обладает определенными магическими свойствами, которые используются и признаются на протяжении многих веков.

В первый день фазы новолуния необходимо помочиться в стеклянную бутылку (объемом около одного литра). Мочиться нужно непрерывно в течение дня, пока не удастся наполнить бутылку. Добавьте в нее 7 столовых ложек коричневого сахара, взболтайте, чтобы он хорошо перемешался с мочой. Затем сожгите мелкую купюру и положите пепел в бутылку. Три-четыре волоска (если не хотите их стричь, можно взять с расчески) положите в бутылку. В 12 часов пополуночи примите ванну и, ополоснувшись, медленно вылейте содержимое бутылки на голову, пусть оно стечет по всему телу. Руками разотрите жидкость по всему обнаженному телу, с головы до ног. Во время обливания и растирания медленно повторяйте следующие слова: "Соленая жидкость изнутри меня, соединись со сладостью извне. С севера, юга, востока и запада, сверху и снизу я требую, чтобы вы принесли мне богатство".

Дайте жидкости высохнуть на коже и оставаться на теле не менее пяти часов, после чего снова примите ванну. Этот ритуал следует повторять в течение семи дней подряд и завершить перед фазой полнолуния.

Нигерийская баня для денег. Полумесяц. (35)

В ночь Полумесяца положите в пластиковую банку пищевую соду, добавьте три столовые ложки морской соли, три зерна горчицы и три стакана теплой священной воды. Хорошо перемешайте эти ингредиенты. Небольшим полотенцем проведите по обнаженному телу с головы до ног (предварительно приняв обычную ванну). Втирая жидкость, мысленно повторите три раза: "Твоей силой и силой стихий я избавляюсь от всех бед и привлекаю богатство". Дайте жидкости полностью высохнуть на теле. Через 3 часа примите ванну. Эту ванну необходимо повторить в следующие две ночи и перед полнолунием.

Различные виды ритуалов для достижения изобилия

Нигерийское очищение для изобилия.

В пятницу в полдень, то есть в 12:00, сожгите бумажную купюру в металлической емкости. Добавьте к этому пеплу три столовые ложки морской соли, хорошо перемешайте с пеплом. Щепотку этой смеси положите в четыре угла всех комнат вашего дома, следите за тем, чтобы она упала на пол, если есть ковры, то пройдитесь ею вдоль стен. Когда будете класть смесь, повторяйте: "Я кладу тебя сюда, зола и соль, я кладу тебя сюда соль и зола, и ты привлечешь ко мне богатство". Этот простой, но мощный денежный ритуал можно использовать и в бизнесе.

Ритуал денежного потока.

Вам потребуется:

- 2 серебряные монеты любого номинала

- 1 прозрачный стеклянный контейнер

- Священная вода

- Морская соль

- Свежее молоко

- Камень аметист

Добавьте в емкость священную воду и морскую соль. Поместите монеты в воду и мысленно повторяйте: "Ты очищаешь и очищаешься, ты делаешь меня процветающим". Через два дня выньте монеты из воды, пойдите в сад, выкопайте яму и закопайте монеты и аметист. Если у вас нет сада, закопайте их где-нибудь, где есть земля. Когда вы закопаете монеты, перед тем как закрыть яму, полейте их свежим молоком. Подумайте, какую сумму денег вы хотите получить. После того как вы выскажете свои пожелания, можно засыпать яму. Постарайтесь спрятать ее как можно лучше, чтобы никто больше не копал там. Через шесть недель выкопайте монеты и аметист и храните их всегда при себе в качестве амулетов.

Заклинание получения материальных предметов.

Это заклинание поможет вам получить материальные блага, которых вы так жаждете.

 Вам потребуется:

 - 1 яблоко

- 1 фотография объекта, который Вы хотите получить (можно нарисовать)

- 2 ивовых листа

Вы выкапываете большую яму во дворе или в саду, вставляете в нее ивовый лист, произнося при этом вслух: "Силой этой ивы, (желаемый объект) - мой". Откусите яблоко, прожуйте его и проглотите, повторяя: "Силой этого яблока (желаемый объект) - мой". Положите яблоко на верхушку ивового листа. Теперь, держа в руках фотографию желаемого предмета, повторите: "Я призываю моего ангела-хранителя исполнить мое желание". Поместите фотографию в отверстие и положите сверху другой ивовый лист. Прикрывая отверстие, мысленно повторяйте: "Мое желание исполнилось".

Цыганская талисманная гадалка.

Приведенный ниже талисман идеально подходит для привлечения материальных благ любого рода. Освящать его нужно в воскресенье в час планеты Юпитер или Венера. Начертите талисман, уколов палец новой швейной иглой, и пусть на него упадут три капли Вашей крови. Зажмите талисман между ладонями и поднимите их в направлении Солнца. Мысленно призвать силу Солнца, чтобы она вошла в талисман через вас. Выразите вслух назначение талисмана. Положите его в кошелек или бумажник.

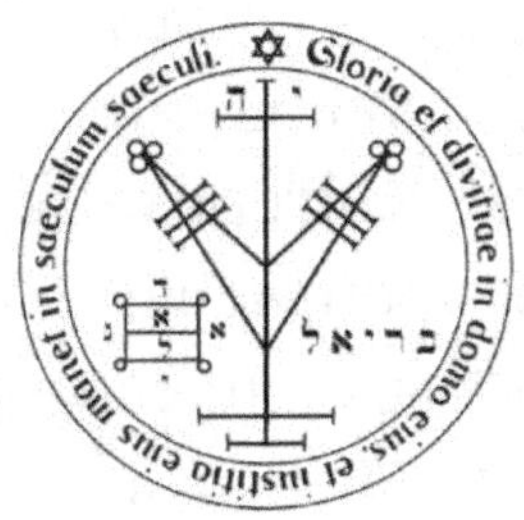

Талисман.

Заклинание для изменения денежного потока.

Вам потребуется:

- 1 серебряная монета любого достоинства

- 1 кристаллический контейнер

- Священная вода или вода полнолуния

- Морская соль

- 1 золотая или серебряная свеча

- 1 игла

- Спички

Добавьте в емкость воду и соль. Поместите монету в воду и повторяйте: "Ты очищаешь себя и делаешь меня богатым". Затем выньте монету из воды и высушите ее. Возьмите свечу и иглой напишите на ней символ денег $$$". Держа свечу в руках, повторяйте: "Эта свеча приносит мне деньги". Зажгите свечу и капните несколько капель воска на монету. Затем поставьте свечу на монету так, чтобы она прилипла. Когда свеча и монета приклеятся, повторите свое экономическое прошение, произнося: "Силой огня, энергией этой свечи, золотым или серебряным цветом я становлюсь магнитом для денег. Пусть исполнится моя воля. Да будет так, так есть и так будет".

Заклинание для увеличения личного магнетизма и изобилия.

Вам потребуется:

- 3 белые свечи

- 2 оранжевые свечи

- 4 апельсина (фрукты)

- 1 новая швейная игла

- Спички

Начните это заклинание в воскресенье на восходе солнца. Возьмите белую свечу и с помощью иглы напишите на ней свое имя. Разрежьте апельсин, съешьте небольшой кусочек. Зажгите белую свечу и мысленно повторяйте: "Когда я ем этот фрукт, я вбираю в себя силу Ра". Дайте свече догореть. Повторите этот ритуал таким же образом и в то же время в последующие два воскресенья. В последнее воскресенье месяца ритуал имеет небольшое отличие. Возьмите две оранжевые свечи и держите их в направлении восходящего Солнца, повторяя при этом: "Могучий Ра, пусть эти свечи пребудут в твоей силе" Зажигаете свечи, а рядом с ними кладете полностью очищенный от кожуры апельсин. Возьмите апельсин и повторите: "Этим я соединяю твою силу с моей". Дайте свечам догореть.

Заклинание для проекции и привлечения изобилия в вашу ауру.

Вам потребуется:

- 1 апельсин (фрукт)

- 1 собственная фотография

- Порошок корицы

- Черный турмалин

Возьмите апельсин и разрежьте его пополам, в середину положите свою фотографию. Откройте отверстие во дворе или в саду, положите внутрь апельсин, посыпьте его корицей и повторите: "Как солнце светит, так и я буду светить до конца своих дней". Положите турмалин и закройте отверстие. Когда земля примет ваше подношение, а апельсин распадется, ваша аура станет магнитом для денег.

Заклинание для очищения дома или бизнеса от негатива.

Вам потребуется:

- 1 яичная скорлупа

- 1 пучок белых цветов

- Священная вода или вода полнолуния

- Молоко

- Порошок корицы

- Новое ведро для чистки

- Новая швабра

Вы начинаете с того, что подметаете свой дом или предприятие изнутри и с улицы, мысленно повторяя, чтобы негатив выходил, а позитив входил. Смешайте все ингредиенты в ведре и вымойте пол изнутри и снаружи от входной двери. Дайте полу высохнуть и сметите цветы в сторону уличной двери, поднимите их и выбросьте в мусорное ведро вместе с ведром и шваброй. Не прикасайтесь ни к чему руками. Делать это следует один раз в неделю, желательно в период планеты Юпитер.

Заклинание для очищения вашего бизнеса от плохих вибраций.

Вам потребуется:

- 1 пучок петрушки

- 1 пучок базилика

- Мед

- Морская соль

- 1 стакан белого рома

- 1 глиняный горшок

Положите обе ветки в блендер вместе с медом, солью и стаканом рома. Взбивать в блендере в течение трех минут. Разделите жидкость на три равные части. Одну часть вылейте перед дверью предприятия. Другую часть храните внутри магазина в глиняном сосуде, а остальную, хорошо закрытую, - в холодильнике. Ритуал следует повторять в течение месяца, каждое воскресенье и четверг недели.

Заклинание для защиты дома или предприятия от грабежей.

Вам потребуется:

- 1 медный котелок

- спирт крепостью 90

- 10 капель эвкалиптового масла

- 10 капель лавандового масла

- 1 веточка руты

- 1 аметист

В течение полной фазы Полумесяца необходимо маневрировать в емкости все ингредиенты, погруженные в спирт. Каждый день, как только стемнеет, взбалтывайте смесь. По окончании этой лунами перелейте жидкость из емкости в бутылочку с пульверизатором и введите в нее аметист. Таким образом можно окуривать все уголки комнат в доме или офисе.

Ритуал для совершенствования на работе.

Вам потребуется:

- 3 зеленые свечи

- 2 белые свечи

- 2 желтые свечи

- 1 картридж с бумагой

Поставьте свечи по кругу, по часовой стрелке, сначала зеленые, затем белые и желтые. Напишите свои пожелания на бумаге и положите ее в сложенном виде в центр круга. Зажгите свечи и повторите семь раз: "У меня есть сила и вера, я направляю свою жизнь к изобилию". Этот ритуал следует проводить не реже двух раз в неделю перед выходом на работу. Желательно по вторникам и четвергам.

Ритуал смены работы.

Вам потребуется:

- 1 темно-зеленая свеча.

- 1 красная свеча.

- 1 фиолетовая свеча

- 1 лист бумаги с подробным описанием работы, которую вы хотите получить или изменить.

Зажгите свечи, сформировав пирамиду, и положите в центр сложенную бумагу. Повторите семь раз: "Меня устраивает то, что я имею, но я хочу быть лучше, в месте, более соответствующем моим вкусам и ожиданиям. Поэтому я молю своего ангела-хранителя помочь мне в этих поисках". Повторите семь раз. Этот ритуал следует проводить перед уходом на работу.

Цыганское заклинание для получения работы.

Вам потребуется:

- 1 белая свеча

- 1 комбинированная свеча желто-черного цвета

- 1 красный тканевый мешок

- 1 желтая лента

- 2 листа желтой бумаги

- Пчелиное желе

- Ру

- Уголь

- 1 цитрусовый кварц

- 1 духи или лаванда

- Новая швейная игла

- Новое большое стеклянное блюдо

Напишите на белой свече свое полное имя, для написания используйте новую иглу, которую впоследствии закопайте во дворе своего дома. Зажгите белую свечу. Затем на одном из листов желтой бумаги напишите просьбу о получении новой работы, указав конкретные детали: сколько денег вы хотите зарабатывать и какую должность хотите получить; намажьте ее пчелиным маточным молочком, сложите в четыре части и положите на новую тарелку. Мысленно произнесите свою просьбу и повторяйте ее на протяжении всего ритуала. Рядом с тарелкой положите мешочек с рутой, которую вы будете использовать для благовоний, несколько капель духов и цитрусовый кварц. Затем зажгите древесный уголь и добавьте на него руту. Начинать воскурение нужно с самой дальней точки от входной двери, от задней стенки к передней; затем дать ему погаснуть самому, ближе к началу ритуала. На другой желтой бумаге напишите полное имя человека. Этой бумагой оберните двухцветную свечу, зажгите ее и поставьте рядом с тарелкой, мешочком-талисманом и флаконом духов (обязательно открытым), затем трижды повторите: "Здесь и сейчас исполняются все мои желания для моего личного прогресса и прогресса моей семьи". Поместите цитрин в мешочек и завяжите его желтой лентой. Когда свеча догорит, мешочек будет служить вам амулетом.

Заклинание для получения лучшей работы.

Вам потребуется:

- 1 комбинированная желто-красная свеча.

- 1 красная свеча

- 1 черная свеча

- 7 желтых свечей

- 1 картридж с бумагой

- Мед

- Уголь

- Эвкалиптовое благовоние

- 3 листа руты

- 3 листика мяты

- 1 флакон духов

- 1 новый металлический лоток

- 1 новая швейная игла

На двухцветной свече с иглой вы пишете свое полное имя. На черной свече - название компании. На зеленой свече - должность, к которой Вы стремитесь, а на красной - снова Ваше полное имя. На бумаге с патроном нужно указать работу, которую вы хотите получить, или предприятие, в котором вы работаете. Эту бумагу нужно намазать медом, сложить вчетверо и положить на поднос. На семи желтых свечах напишите иглой желаемую работу. Когда все будет готово, зажгите уголь и положите на него листья руты и мяты с несколькими каплями выбранных духов. Оставьте его гореть, а сами зажгите двухцветную свечу и поставьте ее рядом со свечой с бумагой (той, которую вы смазывали медом). Зажгите все свечи одинаковым пламенем в таком порядке: черную свечу поставьте слева от подноса, зеленую - справа, а красную - в центре. Когда свечи будут израсходованы, их остатки можно выбросить в мусорное ведро.

Заклинание для успеха на собеседовании.

Поместите по три листочка шалфея, базилика, петрушки и руты в зеленый мешочек. Добавьте кварц "тигровый глаз" и малахит. Закройте мешочек золотистой лентой. Чтобы активировать мешочек, положите его в левую руку на уровне сердца, а затем на несколько сантиметров выше положите правую руку, закройте глаза и представьте, как из правой руки в левую выходит белая энергия, охватывающая мешочек. Храните его в сумочке или кармане.

Очищение организма для привлечения клиентов.

Растолочь в ступке десять очищенных лесных орехов и веточку петрушки. Вскипятите два литра воды "Полнолуние" и добавьте измельченные ингредиенты. Кипятить 10 минут, затем процедить. Этим настоем вы очистите пол своего предприятия, начиная от входной двери и заканчивая его нижней частью. Повторять такую чистку нужно каждый понедельник и четверг в течение месяца, по возможности в период планеты Меркурий.

Заклинание для создания экономического щита для вашего бизнеса или работы.

Вам потребуется:

- 5 лепестков желтых цветов

- Семена подсолнечника

- Высушенная на солнце цедра лимона

- Пшеничная мука

- 3 монеты общего пользования

Растолочь в ступке желтые цветы и семена подсолнечника, добавить лимонную цедру и пшеничную муку. Все хорошо перемешать и хранить вместе с тремя монетами в герметично закрытой банке. Применять это средство следует каждое утро перед выходом из дома. В банку следует ввести сначала кончики пяти пальцев левой руки, затем правой, после чего растереть на ладонях.

Ритуал, позволяющий избежать потери работы.

Вам потребуется:

- 1 большая ржавая гвоздика

- 1 небольшая чашка конфет из гуавы

- 1 небольшой пластиковый пакет

- 1 маленький желтый тканевый мешочек

- 1 оранжевая свеча

- 1 фиолетовая свеча

- 3 лавровых листа

- 1 игла и нитки

Поставьте оранжевую и фиолетовую свечи на край окна, между ними поместите чашку с конфетами гуава. Зажгите свечи. Введите гвоздь внутрь конфеты так, чтобы его не было видно. При этом мысленно повторяйте: "Я - человек, который достоин этой работы, духовные проводники защищают мою работу, мои деньги и мою энергию". На следующий день достаньте гвоздику и, не очищая ее, положите в полиэтиленовый пакет, а затем в желтый пакет вместе с тремя лавровыми листьями. Этот пакет нужно положить в то место, где вы работаете.

Ритуал, позволяющий произвести отличное впечатление в первый рабочий день.

Вам потребуется:

- 2 гвоздя по 5 см (новые)

- 1 кусок фиолетовой ленты

- 1 кусок белой ленты

- 1 фиолетовая свеча

- 1 белая свеча

Эффективнее всего это делать в среду в час планеты Меркурий.

Вы должны написать одним из гвоздей название предприятия, куда вы пойдете работать, на фиолетовой свече, а затем оставить ее рядом с ней. Затем другим гвоздем напишите свое имя на белой свече. Возьмите гвоздь, которым вы писали на фиолетовой свече, и закопайте его в середину свечи, при этом мысленно повторяйте: "Когда этот гвоздь достигнет сердца свечи, моя аура окутает моих начальников и коллег по работе" (для облегчения этой операции сначала нагрейте гвоздь). Сразу же вставьте другой гвоздь в белую свечу и мысленно повторите: "Мой ангел-хранитель защищает меня и ведет к успеху". Зажгите свечи, а когда они догорят, возьмите оба гвоздя и перевяжите их ленточками. Храните их в своем кабинете или на рабочем месте.

Магический рецепт увеличения удачи в бизнесе.

Вам потребуется:

- 1 роза иерихонская (Anastatica hierochuntica).

- Цветочная вода

- Зеленая лаванда

- Цитрусовый кварц

- Кварц тигровый глаз

- Вода полнолуния

Поместите эссенции в стеклянный сосуд с водой Полной Луны. Затем поместите кварц и розу

Иерихона. Поставьте этот контейнер в качестве украшения в своем кабинете или офисе.

Заклинание изобилия для дома или рабочего офиса.

Вам потребуется:

- 7 глиняных контейнеров

- Пчелиный мед

- Листья мяты

Смешайте мед и листья мяты, разложите это содержимое в глиняные емкости и расставьте их в доме или рабочем кабинете. Выполнять это заклинание следует в первый день месяца в период нахождения планеты Юпитер. Для усиления ритуала во время раздачи емкостей повторяйте вслух: "Я подслащиваю свою жизнь, свой дом и офис и призываю четыре стихии принести мне успех и деньги, здесь и сейчас, в полной гармонии и на благо всех".

Ритуал для быстрой продажи недвижимости.

Проводить этот ритуал нужно в субботу в момент нахождения планеты Сатурн или Солнца.

Возьмите четыре лимона и положите их в четыре угла дома, в кардинальные точки. Затем берете голубиное яйцо и переворачиваете его вверх дном. Затем собираете лимоны и вместе с яйцом бросаете их в реку. Приготовьте благовоние из шелухи чеснока и руты, обнесите им весь дом и попросите нейтрализовать негативные энергии и дурные глаза, которые мешали продаже дома. На следующий день очистите дом с помощью меда и корицы.

Эффективное заклинание для того, чтобы стать владельцем недвижимости или бизнеса.

Вам потребуется:

- 1 апельсин (фрукт)

- 3 листа зеленой бумаги

- Оливковое масло

- Коричневый сахар

- 1 керамическая пластина

- 1 ключ

- 7 монет, пригодных для использования

- 2 деревянных креста (перевязанных зеленой лентой)

- 7 палочек благовоний

- 7 лепестков белой розы

- 1 комбинированная свеча красного и желтого цвета

- Травы: рута, базилик, сандаловое дерево, лаванда, апельсиновая цедра и лавровый лист

- 1 красная и белая комбинированная свеча

- 1 желтая свеча

- 1 камень пирит

- 1 ключевая свеча

В апельсине нужно сделать отверстие, чтобы в него поместилась свеча. На одной из зеленых бумажек напишите имя человека, который следит за имуществом или деловым контрактом. Этой бумажкой вы обведете основание желтой свечи и поместите ее в отверстие, сделанное в апельсине, затем обвейте ее семью благовониями. Зажгите свечу и, посыпая ее маслом и сахаром, мысленно повторяйте: "Силой, которой я обладаю, я требую, чтобы (имя человека) имел дело только со мной, чтобы все дурные намерения держались от меня подальше". Когда свеча будет израсходована, положите ее вместе с апельсином в пакет и выбросьте как можно дальше от дома. Возвращаться тем же путем не следует. На следующий день вечером положите на тарелку ключ, травы (руту, базилик, сандал, лаванду, апельсиновую корку и лавр), семь монет, два креста, лепестки цветов, пирит и еще одну зеленую бумажку со своей просьбой. Справа от тарелки ставится красно-желтая свеча, рядом с ней - вторая зеленая бумажка, на которой пишется адрес дома или предприятия. Слева - красно-белая свеча. Зажгите свечи и повторяйте под дыхание то, что вы желаете получить.

Этот ритуал следует повторять три дня подряд, используя одну и ту же керамическую тарелку. По истечении этих дней вы берете с подноса монету, пирит, несколько трав, ключ и один из крестиков, кладете их в красный мешочек, который будете хранить как амулет. Остальные ингредиенты оставляют в лотке и добавляют сахар. На восьмой день зажгите свечу-ключ и положите рядом с ней последнюю зеленую бумажку с вашим желанием. Когда свеча сгорит, остатки поместите в белую бумагу и бросьте ее в место, где есть камни и которое имеет четыре угла.

Заклинание-защита источника поступления денег в ваш дом.

Вам понадобится небольшая ручка с крышкой, красная лента, мед и три десятицентового. Положите в банку мед и три десятицентового, закройте банку и завяжите красную ленту семью узлами. Поместите ее в благополучном углу вашего дома.

Ритуал, чтобы деньги всегда присутствовали в вашем доме.

Вам понадобится Белая стеклянная бутылка, черная фасоль, красная фасоль, семена подсолнечника, зерна кукурузы, зерна пшеницы и благовоние мирра.

Вы кладете все в бутылку в том же порядке, закрываете ее пробковой крышкой и заливаете дым от благовоний в бутылку. Затем вы ставите ее в качестве украшения на кухне.

Цыганское заклинание для процветания

.

Возьмите глиняный горшок среднего размера и покрасьте его в зеленый цвет. На дно положите немного мирры, монетку и несколько капель оливкового масла. Покройте его слоем земли и положите семена любимого растения. Добавьте корицу и еще почвы. Держите горшок в столовой дома и поливайте его, чтобы он рос.

Волшебная фумигация для улучшения домашнего хозяйства.

В металлическом или глиняном сосуде следует разжечь три угля, добавить по ложке корицы, розмарина и сушеной яблочной кожуры. Обойдите вокруг дома, двигаясь по часовой стрелке. Затем положите лепестки белых роз в ведро с водой и дайте настояться в течение трех часов. Этой водой вы очистите свой дом.

Чудодейственная эссенция для привлечения работы.

В бутылку из темного стекла поместите 32 капли спирта, 20 капель розовой воды, 10 капель лавандовой воды и несколько листьев жасмина. Встряхните несколько раз, думая о том, что вы хотите привлечь. Поместите в диффузор, можно использовать для дома, бизнеса или в качестве личного парфюма.

Заклинание для мытья рук и привлечения денег.

Вам понадобится небольшой глиняный горшок, мед и вода Полной Луны. Вымойте руки этой жидкостью, а воду оставьте в горшке. Затем оставьте горшочек перед входом в процветающий бизнес или игорное казино.

Амулет для продолжения статуса миллионера.

Положите под матрас своей кровати золотую монету, свернутую треугольником с купюрой высокого номинала, затем завяжите золотую ленту и добавьте две капли эвкалиптовой эссенции.

Заклинание для партнера, чтобы он дал вам деньги.

Вам потребуется:

- 2 красные розы

- 1 серебряная монета

- 5 капель эссенции пачули

- 1 щепотка золотой пыли

- 2 щепотки серебряного порошка

- 1 новый бумажник

- 1 золотая свеча

Поместите серебряную монету в кошелек, добавьте золотой и серебряный порошки. Зажгите свечу и поставьте ее рядом с кошельком с красными розами. На свечу нанесите эссенцию пачули. Когда свеча догорит, соберите остатки вместе с розами и бросьте их в реку. Кошелек храните в таком месте, где его никто не увидит.

Заклинание для привлечения клиентов и продаж.

Вам потребуется:

- 1 стеклянный стакан

- 7 капель сандалового дерева

- 1 новая пипетка

- Дождевая вода

- 1 красная гвоздика

Заполните стакан водой на три четверти. Добавьте капли сандалового дерева и раздавите руками стебель гвоздики. Поместите цветок внутрь. Поставьте стакан с этими ингредиентами на высокое место в своем доме.

Зерна процветания.

Вы должны получить кукурузу, белую фасоль, рис, чечевицу, пшеницу, красную фасоль и глиняный горшок. Все эти зерна вместе называются "министра", они должны быть сырыми. Вы кладете их в глиняный горшок и представляете, что моете руки. Так следует делать в течение недели. Затем нужно выбросить министру в лесу или парке.

Египетская ванна процветания.

Вам понадобится подсолнух или желтые цветы и мед. Примите ванну, как обычно, затем намажьте мед и разотрите тело желтым цветком так, чтобы лепестки прилипли к телу, взывая к своим духовным наставникам об успехе и изобилии. Повторите эту ванну еще два раза в любой день в период Солнца или планеты Юпитер.

Мощный рецепт привлечения денег.

В четверг в час планеты Юпитер налейте в стеклянную бутылку мед, чайную ложку золотой пыли, флоридскую воду, магнитный камень и белый кварц. Дать настояться три дня, затем перед принятием ванны нанести эту смесь на грудь, руки, живот и подошвы ног и мысленно повторять: "Все мои денежные проблемы сегодня позади, и с помощью Вселенной я привлекаю изобилие, так оно и есть, так оно и было". После нанесения смеси на указанные участки тела ополосните́сь. Если вы хотите увеличить свое благосостояние, то можете повторять эту процедуру каждый четверг или воскресенье. Магнит и пирит следует положить в кошелек в качестве талисманов.

Кубинская формула процветания.

Вам потребуется:

- 1 большая свеча (ее должно хватить на 7 дней).

- Золотой порошок

- Кофейный порошок

- Крупная морская соль

- Сухое молоко

- Коричневый сахар

- 1 карандаш

- 1 швейная игла

Иглой на вершине свечи нарисовать пятиконечную звезду, карандашом проделать отверстие в каждой точке вершины. В пять отверстий вы добавите по щепотке всех ингредиентов. Эту свечу вы посвятите Хошун, богине любви и денег. Зажгите свечу и дайте ей догореть. Остатки свечи следует отнести к реке.

Пшеничные колосья для материального изобилия и процветания.

Вам потребуется:

- 3 колоса пшеницы

- 1 золотое напыление (используется в орнаменте)

- Лосьон из сандалового дерева

Колосья пшеницы нужно смочить одеколоном из сандала. Затем окрасить их золотистым спреем и разместить следующим образом: один - в кладовке, второй - на холодильнике, последний - как украшение в любой части вашего бизнеса. Когда вы заметите, что они засохли или загрязнились, выбросьте их в мусорное ведро, завернув в полиэтилен. Ни в коем случае не сжигайте их, так как вы привлекаете плохие энергии.

Заклинание для вечного владения процветанием.

В большой бокал с вином и прозрачной водой налейте воду Полной Луны, затем положите 100-долларовую купюру и петрушку. Каждые 5 дней меняйте воду и петрушку, если она завяла. Если вы решите потратить купюру, то она должна быть потрачена на еду, иначе вы привлечете бедность.

Заклинание для Мая, чтобы он принес вам экономическое изобилие.

Когда вы идете на пляж, возьмите семь монет любого номинала, встаньте на берегу и бросьте их в море, прося Мая, хозяина морей и скрытых в них богатств, даровать вам удачу и изобилие. Уходя, не оглядывайтесь.

Буддийская магия процветания.

Вам потребуется:

- 1 новый золотой Будда

- 1 большое красное яблоко

- 1 ломтик хлеба

- 1 бутылка красного вина

- 1 упаковка благовоний

- 1 золотая тарелка

Поместите Будду у входа в ваш бизнес или дом поверх золотой тарелки. Когда к вам приходят посетители, попросите их положить на тарелку Будды монеты или деньги. Каждый первый день месяца вы будете класть на Будду бутылку вина, хлеб и яблоко. Зажгите благовония, и так должно продолжаться весь месяц. На собранные деньги первого числа каждого месяца покупайте яблоко, хлеб, благовония и вино.

Боливийское заклинание для увеличения продаж.

Вам потребуется:

- 1 яйцо

- 1 унция красной краски

- 1 кисть

Покрасьте яйцо красной кистью, закопайте его, если возможно, в ночь Полнолуния. Во время закапывания мысленно представляйте все свои проекты и желания изобилия. Каждый месяц, когда наступит полнолуние, меняйте яйцо на новое, покрашенное в красный цвет, а старое выбрасывайте в лес или реку.

Заклинание яблока и яйца для процветания.

Нужно взять красное яблоко, сварить яйцо и съесть их в первое воскресенье каждого месяца, желательно в период Солнца, Венеры или Юпитера. Если вы можете делать это натощак, это будет более эффективно.

Горчичный крест для экономического изобилия.

Вам потребуется:

-1 белая книга

- Белый клей

- Горчичное зерно

На белой бумаге нарисуйте клеем пятиконечную звезду, к которой добавьте горчицу, ее нужно приклеить к бумаге. Подождите, пока она высохнет, затем положите бумагу под матрас с той стороны, где вы спите. Менять бумагу нужно каждый месяц в фазе полумесяца. Если есть возможность делать это в четверг в момент прохождения планеты Венера, то это будет более эффективно. Выброшенную бумагу можно выбросить в мусорное ведро. Можно также взять небольшой глиняный горшок, наполнить его горчицей и поставить у входа в бизнес. Менять его следует первого числа каждого месяца.

Заклинания для выигрыша в азартных играх.

Этот ритуал наиболее эффективен, если проводить его в воскресенье в солнечное время.

Вам потребуется:

- 1 зеленая свеча

- 1 зеленая бумага

- 22 капли масла сандалового дерева

Разрежьте свечу на две части. На ту часть, где находится фитиль, нанесите сандаловое масло. Напишите на бумажке числа, которые вы сыграли, зажгите свечу и сожгите бумажку. Другую часть свечи вы будете носить в кармане или сумочке до тех пор, пока не узнаете результат. Затем свечу следует выбросить в мусорное ведро.

Заклинание защиты дома.

Возьмите 7 листьев руты мужской и 7 листьев базилика. Оставьте их в темном сухом месте, чтобы они быстро высохли. Измельчите травы и поместите их в небольшую стеклянную банку. Залейте банку спиртом или джином. Оставьте смесь на два дня для мацерации. Разведите смесь в ведре на 10–15 л воды. Проведите глубокую очистку дома с помощью этой смеси. Очищение следует проводить в пятницу в период планеты Марс.

Баня для открытия путей и возможностей изобилия.

Вам потребуется:

 - Листья растения, открывающего путь

- Листья мяты перечной

- Листья гуавы

- Агуардиенте

- Вода во Флориде

- Священная вода

- Желтая свеча

Разрыхлитель, гуаву, мяту и базилик отварить в кварте священной воды. Дайте смеси остыть и процедите ее. Добавьте еще священной воды, Агуардиенте и Агуафлориды. Затем зажгите свечу с именем своих духовных наставников в том месте, где вы собираетесь принимать ванну. После принятия обычной ванны вылейте эту жидкость с плеч вниз, не вытираясь насухо. Эту ванну следует принимать по понедельникам в период Солнца или планеты Меркурий.

Ванна с петрушкой для изобилия.

Необходимо взять листья петрушки, мяту, корицу и мед. Положите растения в кастрюлю и варите три минуты, не допуская кипения. Добавьте мед и корицу, затем процедите. Примите ванну, как обычно, а в конце обливайтесь приготовленной водой от шеи вниз, при этом позитивно думайте о привлечении денег в свой дом и представляйте себя живущим в изобилии.

Домашний амулет для денег.

Поместите в золотой или серебряный мешочек маленький магнит, немного шафрана, три палочки корицы, пять зерен риса и золотую китайскую монету. Старайтесь всегда носить этот мешочек с собой и время от времени прикасаться к нему.

Римское заклинание для оплаты долгов.

Вы должны взять желтую свечу, зеленую свечу и белую свечу. На каждой свече с помощью швейной иглы напишите от середины вверх имена людей или кредиторов, которым вы должны деньги. Затем напишите свое полное имя от середины вниз. Поставьте свечи в форме пирамиды, а рядом положите квадрат -*Венера, на обратной стороне которого вы должны были предварительно написать свое полное имя и свои желания. Зажгите свечи и визуализируйте, что ваши долги оплачены, поблагодарив своих духовных наставников. Это заклинание будет более эффективным, если проводить его в пятницу в час планеты Венера.

22	47	16	41	10	35	4
5	23	48	17	42	11	29
30	6	24	49	18	36	12
13	31	7	25	43	19	37
38	14	32	1	26	44	20
21	39	8	33	2	27	45
46	15	40	9	34	3	28

* Площадь Венеры

Египетская баня изобилия.

Наполните ванну водой. Добавьте мед, коричневый сахар, пять лепестков подсолнечника, магнит, цитрусовый кварц и два белых кварца. Погрузитесь в воду на 15 минут. Когда выйдете, не вытираясь, положите кварц, магнит и лепестки в золотой мешочек. Семь дней вы будете использовать его как амулет, а на восьмой день выбросите в реку.

Индуистский ритуал для привлечения денег.

Идеальными днями для проведения этого ритуала являются четверг или воскресенье, в период нахождения в небе планеты Венера, Юпитер или Солнце.

Вам потребуется:

- Эфирное масло руты или базилика.

- 1 золотая монета

- 1 новая сумочка или кошелек

- 1 колос пшеницы

- 5 пиритов

Золотую монету нужно освятить, помазав ее маслом базилика или руты и посвятив Юпитеру. Во время помазания мысленно повторяйте: "Я хочу, чтобы ты насытил эту монету своей энергией, чтобы в мою жизнь пришло экономическое изобилие". Затем намажьте пшеничный колос маслом и поднесите его Юпитеру с просьбой не допустить недостатка пищи в вашем доме. Вы берете монету вместе с пятью пиритами и кладете ее в новый кошелек, который нужно закопать в передней левой части вашего дома. Кукурузный колос вы будете хранить на кухне вашего дома.

Деньги и Изобилие для всех членов семьи.

Вам потребуется:

- 4 небольшие фаянсовые миски

- 4 пенала №7 Юпитера (можно распечатать)

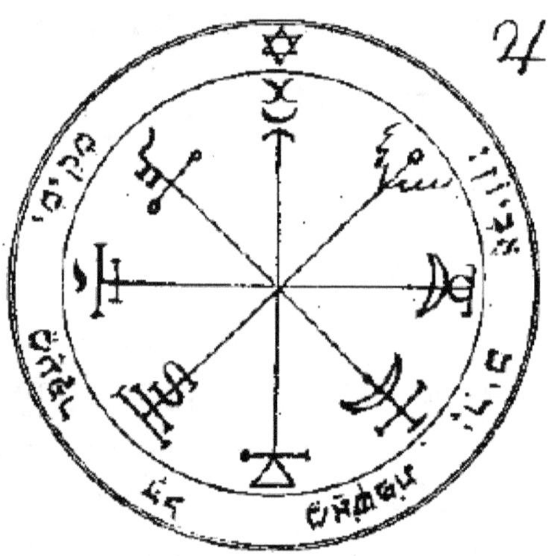

Спектакль №7 Юпитера.

- Мед

- 4 цитрина

В пятницу в час планеты Юпитер на обратной стороне 7-го пенала Юпитера напишите имена всех людей, которые живут в вашем доме. Затем положите каждый лист бумаги в глиняные горшочки вместе с цитринами и полейте их медом.

Поставьте горшочки в четырех кардинальных
точках вашего дома. Оставьте их там на месяц. По
истечении этого срока мед и потекли выбросить, а
цитрины оставить в гостиной дома.

Заклинание для получения денег на бизнес.

Во вторник в час планеты Венера внесите три
маленьких магнита в глиняный горшок с водой
Полной Луны и медом. Выставьте их на 24 часа,
чтобы они зарядились энергией дня и ночи. Затем
высушите их желтой тканью и храните в зеленом
мешочке. Когда вам понадобятся деньги или вы
начнете какой-то проект, откройте мешочек и
посыпьте магниты тремя столовыми ложками
молотого черного перца. Затем мысленно
повторяйте: "Пусть магия этих магнитов привлечет
к моим дверям процветание и изобилие. Север,
Юг, Восток и Запад, силы четырех ветров и
стихий, пусть деньги изобилуют в моей жизни".
Этот мешочек следует держать рядом с собой,
особенно когда вы совершаете какие-либо
операции, связанные с деньгами или бизнесом.

Заклинание для ускорения получения причитающихся вам денег.

Вам потребуется:

- 1 куриное яйцо

- 1 новая вилка

- 1 желтая или серебряная свеча в форме пирамиды

- 4 лепестка белых цветов

- 1 красная свеча

- 1 небольшая фаянсовая миска

Необходимо максимально измельчить лепестки белых цветов, затем смешать их с яичным желтком в глиняной миске. В левую часть этой смеси поместите зажженную желтую или серебряную свечу, а в правую - красную. Повторяйте вслух: "Ангел мой хранитель, я призываю тебя вернуть мне деньги, которые я одолжил и которые мне нужны в данный момент". Нанесите немного смеси на руки и разотрите их, дайте ей высохнуть, не смывайте. Если у вас есть документы или купюры, которые вы хотите забрать, прикоснитесь к ним, можно также прикоснуться к деньгам. Остатки можно выбросить в мусорное ведро после того, как свечи будут израсходованы.

Заклинание, позволяющее избежать банкротства предприятия.

Для большей эффективности заклинание следует выполнять в пятницу или воскресенье в период Солнца, но обязательно утром.

Во дворе дома или в цветочном горшке нужно открыть яму. В нее нужно бросить хлебные крошки, а во время выполнения этого действия смотреть на Солнце и мысленно повторять: "Пусть энергия Солнца благословит меня процветанием, а вибрации Земли принесут мне всю ее щедрость". В течение семи недель вы будете поливать землю половиной стакана воды Полной Луны с корицей, в которую предварительно обмакнули несколько золотых монет.

Заклинание для семьи, чтобы она всегда имела экономическое процветание.

Начинать этот ритуал следует в воскресенье.

Вам потребуется:

- Несколько купюр (неважно, если они вышли из обращения).

- Несколько монет

- 1 зеленая свеча

- 1 желтая свеча

 -1 кусок зеленой ткани

Начните с того, что положите купюры в форме прямоугольника поверх зеленой ткани. В середине поместите монеты в форме пенала. Слева от пенала поставьте зеленую свечу, а справа - желтую. Зажгите их на один час, по истечении этого времени погасите их кончиками пальцев. Повторяйте этот процесс в течение трех дней. На четвертый день выбросьте остатки свечей. Монеты и купюры заверните в зеленую ткань, которая будет храниться на кухне или в столовой вашего дома.

Ритуал молнии, чтобы деньги пришли в ваш бизнес.

Вам понадобятся два небольших глиняных горшочка. В один из них Вы положите семена горчицы, корицу, два листика руты и малахитовый кварц. Поставьте этот горшочек у входа в ваш бизнес. Каждый четверг добавляйте в него капли сандалового дерева. В другую чашу положите пиритовый кварц и черный турмалин, добавьте мед и два листа базилика. Поставьте ее в нижней части вашего бизнеса.

Ритуал на деньги и ликвидацию долгов.

Вам потребуется:

- 1 большая стеклянная бутылка с крышкой

- 1 зеленая свеча в форме пирамиды

- 1 белая свеча

- 1 черная свеча

- 1 коричневая свеча

- Морская соль

- Коричневый сахар

- Рис

- Листья мяты

- Листья лавра

- Зерна кукурузы

- Базилик

- 1 купюра любого достоинства

- Спектакль № 1 Юпитера.

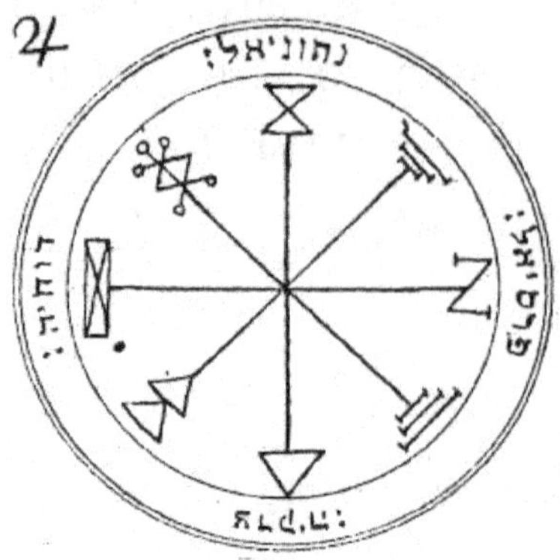

Спектакль № 1 Юпитера.

- Зеленая ручка для письма

- Оливковое масло

Это заклинание следует произносить в пятницу, в момент нахождения планеты Юпитер.

Свечи необходимо освятить оливковым маслом. Затем поместите их в квадрат. Зажгите их. Возьмите зеленую ручку и напишите за спектаклем Юпитера: "Пришли ко мне деньги, изобилие сегодня и всегда". Затем подпишите его своим именем, местом, датой и временем рождения и положите в центр свечей. Затем начинаете наполнять стеклянную бутылку в таком порядке: морская соль, затем слой коричневого сахара, рисовые зерна, затем свернутая купюра, затем травы. Не закупоренную бутылку поместите в центр квадрата (над спектаклем Юпитера),

который вы создали с помощью свечей. Оставьте
свечи гореть, но прежде, чем они догорят,
возьмите зеленую свечу, накройте бутылку
крышкой и запечатайте ее, капнув на нее зеленый
воск. После того как свечи погаснут, выбросите их
остатки в мусорное ведро. Бутылку следует
закопать в своем дворе. Если у вас нет такой
возможности, сходите в парк и закопайте ее под
деревом, если оно лучше цветет.

Заклинание процветания с помощью сахара, монет и пента клей Солнца.

Это заклинание следует произносить в воскресенье
в период Солнца или планеты Венера.

Во втором пенале Солнца вы напишете на обороте
свои пожелания экономического процветания. На
четвертый спектакль Солнца положите четыре
монеты общего пользования. Зажгите зеленую
свечу, и пусть воск упадет на эти монеты.

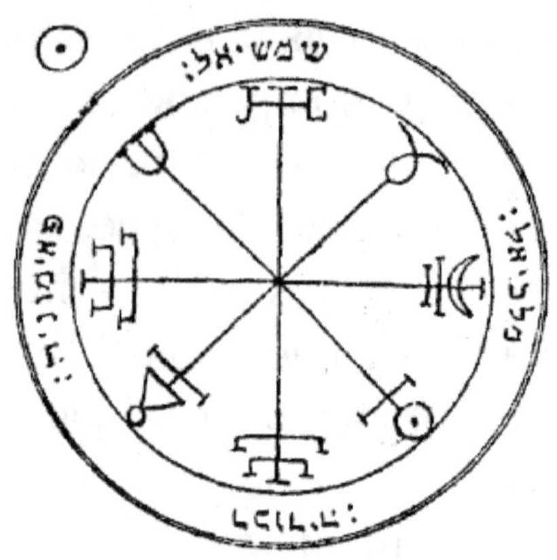

Второй спектакль Солнца.

Четвертый Спектакль Солнца.

Дайте свече догореть в центре пента клей. Затем найдите золотой конверт и положите в него потекли, монеты, остатки свечи и коричневый сахар. Закопайте конверт под деревом или во дворе, повторяя при этом: "Все, что я прошу, приумножится".

Заклинание от долгов для бизнеса.

В квадратную стеклянную емкость приклейте с каждой стороны по маленькому зеркальцу (как те, которые мы, женщины, используем для макияжа). Внутрь емкости положите немного земли, морской соли, молотого кофе, свернутую купюру, перевязанную золотой ленточкой, пять монет, два цитрусовых кварца и коричневый сахар. Зажгите золотую свечу и запечатайте весь ободок крышки воском. Поставьте эту банку рядом с кассой вашего предприятия.

Заклинание с сахаром и растение с цветами.

Вам потребуется:

- 1 цветущее растение

- 1 желтая свеча

- 1 монета

- 2 литра священной воды или воды Полной Луны

- Белый сахар

- Новая швейная игла

- 1 цитрусовый кварц

На желтой свече с помощью иглы нужно написать следующее: "Деньги приходят ко мне". Затем зажгите свечу. Поместите в миску священную воду и добавьте сахар, перемещайте приготовление. Положите монету и цитрин в емкость и оставьте ее рядом со свечой до тех пор, пока свеча не сгорит и не погаснет. Вы будете использовать воду для полива, выбранного вами растения, чтобы быстро получить деньги. Монету, цитрин и остатки свечи закопайте рядом с растением. Во время выполнения этой операции мысленно повторяйте про себя: "Деньги приходят ко мне".

Заклинание, избавляющее от бедности.

Вам потребуется:

- 1 большой лимон

- Белый сахар

- 1 зеленая свеча

- 1 стеклянная емкость с широким горлом

- 1 новая швейная игла

Вы должны написать на свече иглой следующие слова: "У меня много денег" и свое полное имя.

Затем зажгите свечу. Возьмите лимон и разрежьте его пополам, он должен разделиться на две половинки, но остаться соединенным небольшой долей. Положите лимон в миску и посыпьте сверху сахаром. Во время этого процесса повторяйте вслух: "У меня много денег". Лимон должен оставаться в миске до тех пор, пока свеча не будет израсходована. Затем возьмите банку, положите в нее лимон, сахар и остатки свечи. Эта банка должна оставаться на вашей кухне.

Ирландское заклинание для выигрыша денег.

Вам потребуется:

- 5 зеленых свечей

- 1 красная свеча

- 1 золотая свеча

- 1 свеча, соответствующая цвету вашего знака зодиака

- 1 палочка благовоний из сандалового дерева

Перед началом ритуала свечи необходимо освятить оливковым или базиликовым маслом. Зажгите благовония для ускорения концентрации и увеличения силы, затем зажгите свечу своего знака и мысленно повторите: "Эта свеча представляет меня и будет моим посланником". Затем зажигают золотую свечу и произносят: "Эта свеча представляет все деньги, которые придут в мою жизнь". Зажгите зеленые свечи, повторяя: "Эти свечи представляют изобилие, которого я желаю". Зажгите красную свечу и повторите: "Эта свеча представляет божественную силу и мощь для привлечения денег ко мне". Остатки свечей можно выбросить в мусорное ведро.

Цвета свечей в соответствии со знаком Зодиака.

Овен: Белый (20 марта — 19 апреля)

Телец: Красный (20 апреля — 20 мая)

Близнецы: синий (21 мая — 21 июня)

Рак: Зеленый (22 июня — 22 июля)

Лев: Золотой (23 июля — 22 августа)

Дева: розовый (23 августа — 22 сентября)

Весы: желтый (23 сентября — 22 октября)

Скорпион: Оранжевый (23 октября — 21 ноября)

Стрелец: Серебро (22 ноября — 21 декабря)

Козерог: Черный (22 декабря — 19 января)

Водолей: Фиолетовый (20 января — 19 февраля)

Рыбы: коричневый (20 февраля — 20 марта)

Заклинание для получения денег с помощью свечей.

Вам потребуется:

- 1 зеленая свеча

- 1 желтая свеча

- Подсолнечное масло

- 1 фотография в полный рост

- 2 монеты

Помажьте свечи подсолнечным маслом, при этом сосредоточьтесь на своей цели и визуализируйте процветание, которое придет в вашу жизнь. С помощью небольшого количества воска с одной из свечей приклейте монеты к основанию свечей. Поместите свою фотографию в центр двух свечей. Во время этого процесса мысленно повторяйте: "Вселенная изобильна, и процветание приходит ко мне, не причиняя никому вреда, да будет так.

Спасибо". Когда свечи будут догореть, остатки воска, монеты и фотографию уберите в укромное место.

Заклинание умножения денег.

Вам потребуется:

- 1 купюра любого достоинства.

- 1 конверт серебряного или золотого цвета

- 1 карандаш, ручка или чернила зеленого цвета.

Произносить это заклинание следует в четверг, по возможности в период Солнца, планеты Юпитер или Марса.

На купюре вы напишете зеленым цветом на одной стороне свое полное имя, дату и место рождения. На другой стороне вы напишете: "Процветание и изобилие присутствуют в моей жизни". Поместите купюру в конверт и запечатайте его. Сложите конверт пополам и положите его под кровать на уровне головы. Там он должен находиться в течение 10 дней. По истечении этого срока купюру необходимо потратить.

Веганское заклинание денег.

Это заклинание наиболее эффективно в период солнцестояния.

Необходимо взять ленту золотого цвета длиной около сорока сантиметров. Возьмите ленту за один конец и завяжите на ней девять узлов. Завязывая каждый узел, повторяйте вслух следующие фразы: "Я начинаю свое заклинание с узла № 1. С узлом №2 моя работа будет ценной. С узлом № 3 ко мне придут деньги. С узлом № 4 изобилие постучится в мою дверь. С узлом № 5 моя экономика развивается. С узлом № 6 это заклинание сработало. С узлом № 7 я получаю успех в том, о чем прошу. С узлом № 8 фортуна улыбается мне. С узлом № 9 все, о чем я просил, исполняется". Ленту следует хранить при себе или в таком месте, где вы можете видеть ее ежедневно.

Африканское заклинание изобилия.

Вам потребуется:

- 1 Яйцо

- 1 лист желтой бумаги

- 1 перо

- Священная вода

Сделайте в яйце небольшое отверстие и вылейте весь белок и желток. Очистите яйцо изнутри и снаружи святой водой. Затем возьмите небольшой лист бумаги и напишите на нем сумму денег, которую вы хотели бы получить. Поместите бумажку внутрь яйца. Снаружи яйцо можно украсить символом денег. Закопайте яйцо во дворе или в цветочном горшке. При этом скажите: "В этой земле все мои деньги умножаются и растут".

Ритуал получения денег за три дня.

Возьмите пять палочек корицы, сушеную цедру апельсина, литр воды Полной Луны и серебряную свечу. Прокипятите корицу и цедру апельсина в лунной воде. Когда вода остынет, переложите ее в бутылку с пульверизатором. Зажгите свечу в северной части гостиной вашего дома и опрыскайте жидкостью все комнаты. При этом мысленно повторяйте: "Духи-проводники защищают мой дом и позволяют мне получить деньги, в которых я нуждаюсь, немедленно". Когда закончите, оставьте свечу гореть.

Деньги с белым слоном

Купите белого слона хоботом вверх. Поставьте его лицом внутрь дома или предприятия, ни в коем случае не напротив дверей. Первого числа каждого месяца кладите в хобот слона купюру наименьшего достоинства, складывайте ее вдвое по длине и повторяйте: "Пусть это удвоится на 100", затем снова складывайте по длине и повторяйте: "Пусть это умножится на тысячу". Разверните купюру и оставьте ее в хоботе слона до следующего месяца. Повторите ритуал, меняя купюру.

Ритуал для выигрыша в лотерею.

Вам потребуется:

- 2 зеленые свечи

- 12 монет. (Представляют собой двенадцать месяцев в году)

- 1 мандарин

- Палочка корицы

- Лепестки 2 красных роз

-1 стеклянная банка с широким горлом и крышкой

-1 старый лотерейный билет

- Вода полнолуния

В банку положите мандарин, вокруг него - лотерейный билет, монеты, лепестки и корицу, залейте водой полнолуния и накройте крышкой. На крышку банки поставьте свечу и зажгите ее. На следующий день замените свечу на новую, а на третий день вскройте емкость, выбросьте все, кроме монет, которые будут служить амулетом. Одну из них храните в кошельке, а остальные одиннадцать оставьте дома. В конце года вы должны потратить монеты.

Панамский ритуал для улучшения финансового состояния.

Вам потребуется:

- 12 монет

- Мандариновое масло

- 12 золотых свечей в форме пирамиды

- 1 белая тарелка

- 12 цитринов

- Серебряная сумка

Поместите в центр тарелки зажженную свечу, а вокруг нее - 12 монет, образующих круг. Поместите цитрины рядом с монетами. Распределите вокруг них несколько капель мандаринового масла. Держите золотую свечу горящей в течение 12 дней. По истечении этого срока выбросьте остатки свечи. Поместите цитрины и монеты в серебряный мешочек и положите его под матрас у изголовья кровати.

Ритуал для привлечения процветания в вашу жизнь.

Вам потребуется:

- Белый рис

- Чечевица

- 12 виноградин

- Лепестки 1 красной розы

- 12 монет

- Мандариновое масло

- Кокосовое масло

- Миндальное масло

- 1 белая свеча

- 1 зеленая свеча

- 1 красная свеча

- 1 желтая свеча

- 1 большая тарелка

- 3 маленькие тарелки

- 1 стакан

- Площадь Солнца

6	32	3	34	35	1
7	11	27	28	8	30
19	14	16	15	23	24
18	20	22	21	17	13
25	29	10	9	26	12
36	5	33	4	2	31

Квадрат Солнца.

Этот ритуал будет более эффективным, если проводить его в воскресенье в час Солнца. На обратной стороне квадрата Солнца следует написать пожелания процветания.

В северной части дома следует поставить большую тарелку с зажженными свечами, а вокруг нее полукругом - три маленькие тарелки. В одну из тарелок положите рис, чечевицу и виноград. В другую - лепестки красных роз, а в последнюю -

монеты. Под чашку положите квадрат Солнца. В чашке смешайте масла и капните несколько капель на каждую из маленьких тарелочек. Это заклинание следует выполнять каждые три месяца.

Ритуал с черной свечой для денег.

Этот ритуал наиболее эффективен, если проводить его в субботу в период нахождения планеты Венера.

Приобретите две черные свечи. С помощью новой швейной иглы выгравируйте на одной из свечей слова: изобилие, деньги, процветание. Свечу, на которой ничего не написано, поставьте на квадрат Сатурна. Затем зажгите обе свечи, мысленно повторяя: "Пусть деньги будут постоянным явлением в моей жизни, пусть их никогда не будет хватать и пусть они всегда текут ко мне". После того как свечи догорят, закопайте их остатки вместе с квадратом в углу двора или в парке под деревом.

Квадрат Сатурна.

Ритуал, позволяющий всегда иметь в кошельке наличные деньги.

Вам потребуется:

- 1 хрустальный бокал

- 15 монет

- 1 счет текущего использования

- 1 золотая свеча

- 1 новая швейная игла

- 3 аметистовый кварц

Проводить этот ритуал нужно в пятницу в момент нахождения планеты Венера или Солнца.

Поместите внутрь чаши монеты, аметисты и купюру, сложенную вчетверо. Иглой в свече напишите символ денег ($$). Зажгите свечу и мысленно повторяйте: "Изобилие окружает меня, и я требую свою долю того, что я получаю в этой изобильной Вселенной". Когда свеча догорит, возьмите купюру и спрячьте ее в кошелек. Чашу с монетами и аметистами следует поставить слева от двери вашего дома.

Заклинание для получения экспресс-денег.

Это заклинание будет более эффективным, если проводить его в четверг.

Вы наполняете хрустальную чашу рисом. Затем зажгите зеленую свечу (которую предварительно нужно освятить) и поставьте ее в центр чаши. Зажгите коричное благовоние и шесть раз обведите чашу его дымом по часовой стрелке. Во время выполнения этой процедуры мысленно повторяйте: "Я открываю свой разум и сердце для богатства. Изобилие приходит ко мне, сейчас, и все хорошо. Вселенная излучает богатство в мою жизнь, сейчас". Остатки можно выбросить в мусорное ведро.

Зелье процветания.

 В кастрюлю положить семь палочек корицы, семь листьев базилика, ромашку, гвоздику и воду "Полнолуние". Варить 10 минут, при достижении кипения снять с огня и накрыть крышкой, чтобы остыло. Каждый день в 19:00 выпивайте по чашке этого средства, добавляя в него мед по вкусу. Во время питья мысленно повторяйте про себя: "Мое богатство уже внутри меня. Я привлекаю деньги и прекрасные возможности изобилия. Богатство — это часть моего существования".

Ритуал для выигрыша денег в казино.

Вы должны взять зеленую свечу, желтую свечу, белого слона (фигурку), желтый лист бумаги и золотую чернильную ручку. Напишите на листе бумаги название казино. Сверните бумагу и положите ее в хобот слона. Поместите зеленую свечу с правой стороны слона, а желтую - с левой, и зажгите их. Этот ритуал наиболее эффективен в четверг в период планеты Юпитер или Солнца.

Ритуал на деньги с Санта-Мурте.

Вам потребуется:

- 1 изображение золотого Санта-Мурте

- 7 монет общего пользования

- 1 магнит

- 1 белая тарелка

- 1 красный пакет

- 1 золотая лента

- 1 золотая свеча

- 1 новая швейная игла

На золотой свече нужно написать иглой слово "процветание" тринадцать раз. Поставьте эту свечу перед фигуркой, которую Вы предварительно положили на белую тарелку с магнитом и монетами. Зажгите свечу и произнесите такую молитву Санта-Мурте: "Дорогая Смерть моего сердца, не оставляй меня без своей защиты ни днем, ни ночью, моя госпожа, я прошу тебя преградить мне путь к успеху и удаче, чтобы через это священное пламя все мои молитвы дошли до тебя. Благодарю Вас, моя госпожа, за то, что Вы меня услышали". Когда свеча догорит, положите магнит и монеты в красный мешочек, завяжите его золотой лентой. Носите его с собой тринадцать дней. Затем отнесите его на кладбище и оставьте там.

Ритуал на Новый год по стихиям знаков Зодиака.

ЗНАКИ ОГНЯ: ОВЕН ЛЕО И СТРЕЛЕЦ.

Вам потребуется:

- 1 пирамида: (священная геометрическая форма для придания силы вашему прошению).

- 1 пирит (для привлечения всего положительного в нашу жизнь).

- 1 кварц "Тигровый глаз" (чтобы все прибывало и защищал от неопределенности).

- 2 цитрусовых кварца (Для изобилия во всех смыслах).

- 1 пало Санто

- 1 красная свеча

Напишите на листе бумаги свои пожелания на новый год, в общем виде охватывающие изобилие, деньги и успех. Положите этот лист бумаги, сложенный в 7 частей, под пирамиду, на четыре стороны основания пирамиды поместите пирит, тигровый глаз и цитрины. Зажгите пало-Санто, и пусть дым окутает пирамиду семью круговыми движениями по часовой стрелке, мысленно представляя исполнение своих желаний. Зажгите свечу и дайте ей догореть. Каждый месяц в новолуние зажигайте свечу, тем самым вы возобновляете свой ритуал. Этот ритуал следует проводить в той комнате вашего дома, которая связана с элементом огня. Там же следует хранить пирамидку и кварц, которые будут служить защитой для вашего дома.

ЗЕМНЫЕ ЗНАКИ: ТЕЛЕЦ, ДЕВА И КОЗЕРОГ.

Вам потребуется:

- 1 небольшая бутылка с пробкой

- 7 зубчиков чеснока

- 7 лавровых листьев

- 1 белый кварц (усиливает ваши желания)

- 1 малахитовый кварц (будет служить защитой)

- 1 розовый кварц (принесет вибрации любви)

Напишите на листке бумаги свои пожелания на новый год, сложите его на семь частей и положите в бутылку, добавьте семь зубчиков чеснока, семь лавровых листьев и кварц. Бутылку закапывают в горшок с землей и каждый месяц в новолуние поливают водой с корицей. Удивительно, как природа может дать нам не только здоровье, но и обеспечить защиту и успех. Этот ритуал следует проводить в столовой вашего дома, которая ассоциируется с элементом земли, и держать горшок там. Он будет защищать вас и работать на исполнение ваших желаний.

ВОЗДУШНЫЕ ЗНАКИ: БЛИЗНЕЦЫ, ЛИБРА И ВОДОЛЕЙ.

Вам потребуется:

- 1 синяя свеча

- 1 кварц лазурит (он подарит вам глубокий покой).

- 1 черный турмалин (служит защитой).

- 1 дымчатый кварц (повышает энергетику)

- Синяя сумка

Напишите на листке бумаги свои пожелания на предстоящий год, сложите его на девять частей и положите в синий мешочек вместе с кварцем. Для усиления этого мощного ритуала рядом с синим мешочком зажгите синюю свечу, символизирующую силу и радость. Проводить его следует в юго-западной части дома. Каждый месяц в новолуние зажигайте синюю свечу у мешочка, а в остальное время держите его при себе, так как он будет служить еще и амулетом.

ВОДНЫЕ ЗНАКИ: РАК, СКОРПИОН И РЫБЫ

- 1 аметистовый кварц (повышает уверенность в себе).

- 1 оникс (защита)

- 1 селенит (позволяет установить связь с духовными проводниками).

- Морская соль

- Зеленая свеча

- Зеленая коробка

- 7 листьев растения рута

- Рис

- Маленькое зеркало

Напишите на листке бумаги пожелания любви, здоровья и денег на ближайший год, положите его в зеленую коробку, сверху положите листья руты, затем рис и морскую соль, и, наконец, кварц и селенит. Закройте ее и поставьте на зеркало. Зажгите зеленую свечу. Этот ритуал следует проводить в северной части дома, там же вы будете хранить шкатулку, которая будет служить амулетом для вашего дома.

Заклинание с квадратом Сатира для изобилия.

Вам потребуется:

- 1 чистый лист бумаги.

- 1 ручка с красными чернилами

- Эфирное масло розмарина

Вы должны нарисовать магический круг. Если у вас нет волшебной палочки, просто обведите ее указательным пальцем вокруг себя по часовой стрелке, чтобы начать ритуал в защищенном месте. На бумаге напишите следующие слова в таком порядке:

SATOR

AREPO

TENET

ОПЕРА

ROTAS

При желании можно сделать квадрат, как в примере:

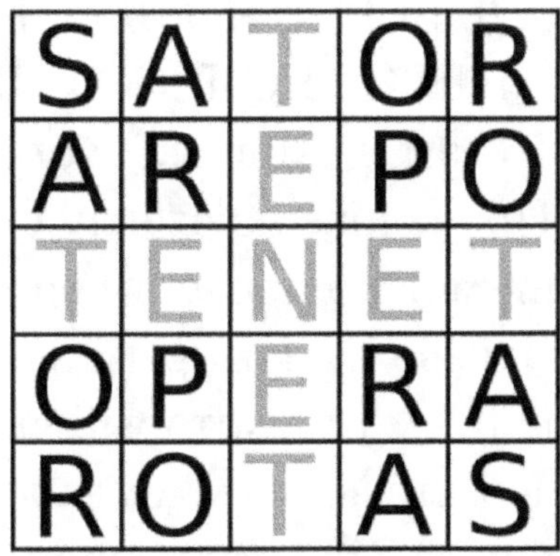

Написав эти слова, на обратной стороне бумаги напишите все свои пожелания, касающиеся экономического процветания. Помажьте край бумаги эфирным маслом розмарина. По окончании работы замкните круг вокруг себя против часовой стрелки. Квадрат SATOR следует повесить над входной дверью дома. Если вы видите, что проходит время, а ваши просьбы не исполняются, следует вновь активизировать их. Повторите ритуал, т. е. сделайте новый квадрат и заново напишите просьбы и свои имя и фамилию. Не забывайте быть предельно конкретными в своих просьбах. Затем переверните квадрат вверх дном и поставьте на него стакан с водой. Внутрь стакана положите три зубчика чеснока. Если чеснок плавает, то это признак того, что он здоров, если один или все они тонут, то это значит, что чеснок не очень хороший и его нужно заменить. Вы обхватываете стакан руками и произносите следующее:

"СЕЯТЕЛЬ ДЕРЖИТ КОЛЕСА С ЛОВКОСТЬЮ, СЕЯТЕЛЬ БЕРЕЖНО БЕРЕТ ПЛУГ, СЕЯТЕЛЬ НАПРАВЛЯЕТ КОЛЕСО С ЛОВКОСТЬЮ". Спасибо вам, духовные наставники, которые со мной. Проведите по стеклу символ пенала, при желании можно провести символ бесконечности, любой символ, с которым вы чувствуете себя защищенным или который является вашим символом силы, этим вы запечатываете заклинание. Стакан с чесноком оставьте в покое, засеките время, необходимое для его прорастания, это подскажет вам, через какое время ваша просьба станет действенной. Все три растения должны прорасти. Если это произойдет через три дня, то это знак того, что ваше прошение будет исполнено очень быстро; если же, наоборот, пройдет неделя, а они не прорастут, то это знак того, что с вашим прошением что-то не так, и нужно повторить процесс снова, взяв новый чеснок. В этом случае вы выбрасываете воду и чеснок и повторяете заклинание. После того как чеснок прорастет, его следует пересадить в горшок с плодородной почвой.

Денежный ящик.

Вам потребуется:

- Ящик среднего размера (он должен быть изготовлен из дерева, с минимальным количеством металла).

- Два листа бумаги или картона такого же размера, как пол и крыша коробки. (Эти листы будут приклеены на внутренней стороне коробки, на полу и на задней крышке, так, чтобы при закрытии коробки они находились друг напротив друга, один снизу, другой сверху).

- Графитовый карандаш

- Клеевая палочка

- 1 небольшой лист бумаги для написания петиций

- 1 небольшое зеркало

На двух листах бумаги или картона нарисуйте графитным карандашом три символа Рейки II уровня *(CKR, HSZSN, SHK, DKM) рядом или в треугольнике, только с одной стороны, стараясь покрыть как можно большую часть поверхности бумаги. Можно разместить названия вместе с рисунками символов. Приклейте зеркало на дно коробки. Приклейте одну из этих бумажек на дно коробки символами вверх (так, чтобы их было видно). Постарайтесь, чтобы бумага с нарисованными на ней символами закрывала все дно. На заднюю крышку приклейте другую бумагу с нарисованными символами так, чтобы при закрытой коробке оба набора символов были видны друг другу. Активизируйте символы, символизируя их, и подайте Рейки на шкатулку.

*Символы. (Как их рисовать):

Чоп Ку Рей.

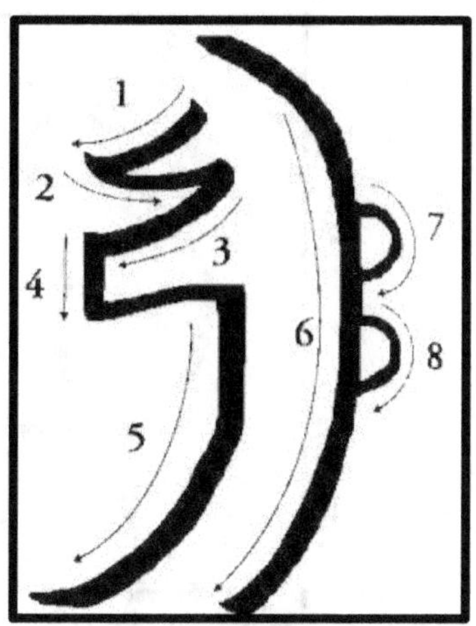

See He Ki.

Хон Ша Дзе Шо Нен.

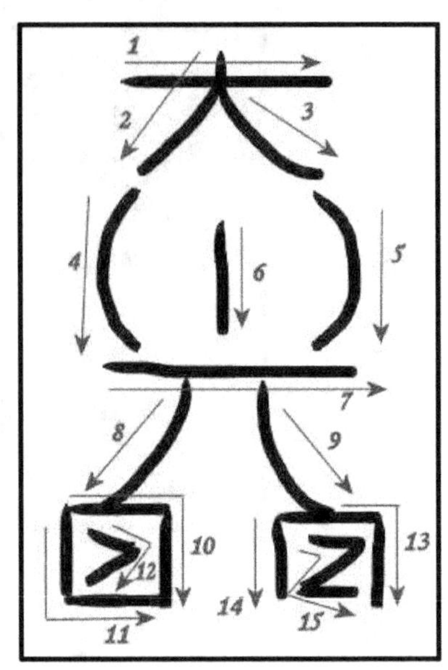

Дай Ко Мио. (Традиционный)

Не существует идеального способа рисования символов, и их эффективность не зависит от того, насколько хорошо вы их нарисовали, все дело в связи, которую вы устанавливаете, когда рисуете их. Символы можно активизировать различными способами. Их можно активизировать, рисуя рукой, визуализируя или произнося их название тихо или вслух. Важен не метод, который вы выбрали, а ваше намерение при ченнелинге.

Внутри коробки вы поместите все свои пожелания. Постарайтесь написать все свои просьбы на отдельных листочках бумаги. Когда Вы захотите, Вы можете вынуть любую бумажку и выбросить ее. В коробку можно положить столько просьб, сколько поместится. Не позволяйте никому видеть внутреннюю часть коробки (особенно символы).

Когда вы видите шкатулку, намеренно посылайте ей лучи энергии Рейки, чтобы зарядить ее и активизировать энергии всех запросов, находящихся в ней.

Магия Знаков.

Это одна из самых эффективных и экономичных дисциплин магии. Их можно выполнять без сложных ритуалов. Благодаря своей простоте они легко осваиваются. Сигил — это символ, используемый в магии. Обычно под этим термином понимается разновидность графической подписи. Слово "сигил" означает "знак" или "печать".

Как сделать знак

Вам потребуется:

- Бумага

- Карандаш

- Определите свою цель для Знака

В первую очередь необходимо решить, каким будет замысел вашего сигила. Это самый важный шаг. Ваше намерение должно быть очень четким. Вы собираетесь преобразовать эту концепцию в предложение, поэтому будьте конкретны в написании. Предложение должно быть коротким и написано в настоящем времени, т. е. думайте так, как будто у вас уже есть то, что вы хотите.

Например: -I have a lot of money- вместо -I will have a lot of money-.

Написание может иметь значение. -У меня есть работа моей мечты- даст другие результаты, чем -Я журналист Теле Мундо-. Ни один из вариантов не лучше и не хуже другого, но убедитесь, что вы дословно написали, чего вы хотите добиться этой фразой.

Избегайте таких негативных слов, как "у меня нет", "у меня не будет", "я не буду" и т. д.

-Не курить - может легко привести к результату - курить - вместо этого. Чтобы избежать этого, всегда мыслите позитивно. Чтобы определить это позитивно, можно написать: -Я легко отказываюсь от своих пороков-.

Пример:

В качестве примера приведем предложение -I HAVE A LOT OF MONEY-.

Напишите свое желание заглавными буквами. Повторяющиеся буквы стираются, чтобы каждая буква встречалась только один раз. (Этот символ можно использовать в любой момент, когда вы испытываете нехватку денег).

Эти буквы будут являться базовыми символами для вашего сигила.

Т Е Н Г О М У З Ы К А Л Ь Н О Г О Р О Д А

TENGOMUCHDIR - Сигил будет прослеживаться по этим буквам.

Теперь начните соединять буквы вместе. Сначала это будет выглядеть странно и не будет похоже на символ, продолжайте перемещать буквы. Эта часть требует терпения, главное - много играть с ними. Если вам не нравится, как выглядит та или иная буква, вы можете разделить ее на части. Например, буква В превратится в линию и два полукруга, которые можно использовать в дизайне по отдельности.

Самое главное - не то, как это выглядит, а то, что вам это нравится. Неважно, выглядит ли это как просто набор букв или похоже на оригинальные буквы. Если Вы довольны результатом, то это прекрасно.

Когда все буквы упорядочены, не спеша оформите их и придайте симметрию. Главное, чтобы в итоге сигил был как можно более простым. Художественное качество неважно, но по понятным причинам не стоит рисовать и ерунду. Результат следует нарисовать на листе бумаги. Идея заключается в том, что сигил и его значение будут перенесены в ваше подсознание, а затем вы забудете его, чтобы ваше сознание не блокировало процесс активации бессознательного.

Сигил должен быть создан вами. Сигилы, которые мы создаем, могут показаться немного странными, но это очень полезно, так как подсознание будет воспринимать их как нечто необычное и анализировать альтернативно обычному образу. Гипотетически важным является то, что все буквы находятся внутри сигила. Помните, что одна и та же линия может быть использована для рисования разных букв. Время, необходимое для проявления сигила, непредсказуемо. Иногда успех приходит сразу, а иногда может потребоваться больше времени.

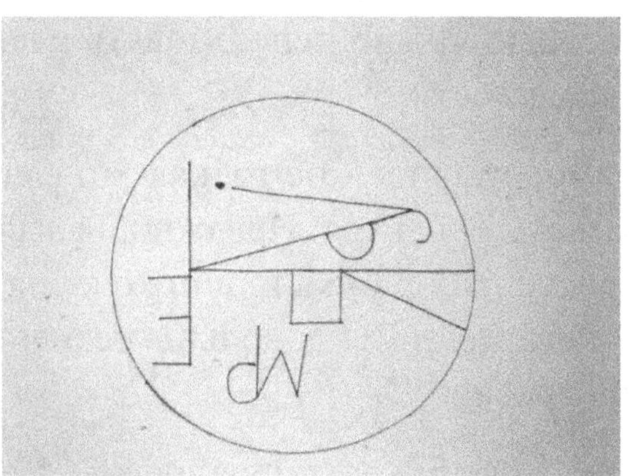

Пример знака "У меня много денег".

Активируйте свой сигил.

Когда вы нарисовали сигил, вы должны активировать его. Это необходимо делать с сигилом каждый раз, когда вы рисуете его снова, даже если это один и тот же символ с одним и тем же намерением.

Метод активации прост, хотя и требует практики. Смотрите на свой сигил, дайте глазам привыкнуть к символу и медитируйте на фразу своего сигила. По мере того, как ваши глаза будут расслабляться, они начнут деформировать сигил, вы будете видеть его как бы обезображенным.

Когда Вы снова увидите его в первоначальном виде и он не сдвинется с места, он будет активирован. Вы также можете поместить его в такое место, как ваш алтарь, вместе с кварцем процветания, таким как цитрин, пирит или малахит. (Есть много людей, которые заряжают их другими источниками энергии, например, закапывают символ, сжигают его и выпускают осколки на ветер, используют сексуальную магию и т. д.).

После того как сигилы отработают свое предназначение, их следует сжечь.

Иногда я сжигаю свой сигил до того, как моя просьба будет окончательно сформулирована, с намерением послать свои желания во Вселенную.

Я представляю себе, как в процессе горения бумаги вся энергия сигила реализуется в моей жизни, представляю себе результаты и вижу, как мой символ высвобождается, чтобы действовать в бесконечности.

Пирамиды и деньги

На протяжении многих веков великие цивилизации древности возводили свои храмы в виде пирамид. Это были сооружения для направления энергии космоса и высших существ. Пирамиды были придуманы для того, чтобы раскрыть тайны вечной жизни. Пирамиды привлекают энергию, процветание, отгоняют плохие вибрации и темных духов, исцеляют тело и душу. Энергетическое поле, образуемое пирамидами, может служить вихрем энергий Альфа и Омега, облегчающим общение с другими измерениями и духовными проводниками.

Ритуал с белой пирамидой для денег.

Вам нужна белая пирамида, материал не имеет значения, но если она сделана из белого кварца, то она более эффективна. Напишите на желтой бумаге свое имя и фамилию, а также пожелания, касающиеся экономического процветания. Положите ее под пирамиду. Окружите ее четырьмя камнями цитрина. Зажгите золотую свечу. Повторяйте этот ритуал каждый четверг.

Ритуал с пирамидами для ликвидации просроченной задолженности.

Вам потребуется:

- Сахаромицеты из руты, корицы и розмарина.

- 1 золотая свеча

- 1 пирамидка из картона, дерева или кварца

- 1 лист золотой бумаги

- 7 купюр мелкого номинала

Вы зажигаете золотую свечу и благовония. Затем напишите на бумаге свое полное имя, дату и время рождения. Затем напишите имена людей, которым вы должны деньги, и сумму долга цифрами. Мысленно повторяйте про себя: "Этот долг выплачен. Так и есть. Положите его под пирамиду вместе со счетами. Когда ваши желания исполнятся, сожгите купюры и бумагу, а пепел развейте по ветру.

Простой ритуал с Пирамидой Изобилия.

Вы получите золотую пирамиду. Под ней поместите свою фотографию в полный рост и спектакль Юпитера под номером три. Каждую пятницу зажигайте золотую или серебряную свечу.

Спектакль №3 Юпитера.

Кварц и деньги.

Малахит: его всегда считали камнем, обладающим силой и ценным для материального благополучия. Свойства и применение малахита популярны на протяжении многих веков.

Оранжевый кальцит: используется для привлечения в дом благополучия и изобилия. Он благотворно влияет не только на финансы, но и на творчество и самосовершенствование. Зеленый кальцит - мощный талисман для привлечения богатства в ваш бизнес. Этот камень вибрирует энергией финансового изобилия, исходящей от Вселенной.

Цитрусовый кварц: известен как камень изобилия. Он обладает большой магнетической силой, связан с удачей в делах и гарантией занятости. Он прекрасно подходит для подготовки ритуалов и амулетов на случай трудностей или финансовых потерь.

Пирит: известен с древних времен как "золото дурака" из-за сходства с этим драгоценным металлом. Пирит привлекает бизнес, работу, возможности для успеха, экономическую стабильность, удачу в азартных играх и при покупке недвижимости. Для умножения благосостояния рекомендуется поместить его в место хранения денег или богатства дома или в офисе. Другое распространенное место - в кошельке, а именно в кармане или отделении, предназначенном для монет. Прикасаться к этому камню должен только его владелец.

Нефрит: поскольку он зеленого цвета, как деньги, его связывают с изобилием. Это мощный камень, который часто используется во многих культурах, особенно на Востоке. Считается, что это самый мощный камень для привлечения денег и процветания в бизнесе. Продавцам рекомендуется всегда держать его возле кассы или в том месте, где они хранят деньги.

Ритуал привлечения денег с помощью нефритового браслета.

Купите нефритовый браслет, кулон или серьги. Положите его поверх куска золотой ткани и зажгите золотую свечу. Зажгите благовоние с корицей и проведите им по часовой стрелке над одеянием. После того как свеча догорит, нужно носить эту одежду, не позволяя никому прикасаться к ней. Каждый месяц необходимо повторять этот ритуал, чтобы поддерживать заряд.

Ритуал привлечения денег с цитрином в ваш бизнес.

Вам необходимо

- 3 цитрина

- 3 золотые свечи в форме пирамиды

- Эссенция лаванды

- 1 палочка корицы

- 1 бронзовая монета

- 1 серебряная монета

- 1 желтый пакетик

Этот ритуал следует проводить в пятницу вечером после 18:00.

Свечи необходимо освятить лавандовой эссенцией. Затем расположите их в форме треугольника. Поместите 3 монеты также в форме треугольника, а поверх них - цитрусовый кварц. Зажгите свечи, представляя, как деньги приходят в ваш бизнес. Дайте свечам догореть, положите 3 камня и монеты с палочкой корицы в мешочек и повесьте его за дверью вашего бизнеса.

Сундучок изобилия и процветания.

Вам потребуется:

- 1 деревянный сундук

- 1 магнитный камень

- 1 пирит

- 3 китайские монеты с красной лентой

- 1 нефритовый кварц

- 1 ладан с корицей

- 1 красный конверт

- 1 лист пергаментной бумаги

На пергаментной бумаге вы пишете: "Я (имя) призываю моих духовных наставников помочь мне увеличить изобилие и процветание в моей жизни". Поместите эту бумагу в сундук. Зажгите благовония с корицей и проведите дымом над всеми предметами, которые вы собираетесь положить в сундук. После того как дым пройдет, положите все предметы в сундук. Закройте сундучок и поставьте его в зону процветания дома или на работе. (Зона богатства находится внизу слева).

Кристаллические решетки.

Кристаллические решетки — это мощный инструмент для воплощения ваших намерений. Сила кристаллической решетки возникает в результате объединения энергий, возникающих между целебными камнями, сакральной геометрией и вашим намерением.

Сочетание силы кристаллов в геометрическом узоре значительно усиливает ваше намерение, направленное на проявление результатов гораздо быстрее. Какова бы ни была ваша цель, вы можете создать мощную комбинацию кристаллов в решетке для проявления вашего намерения процветания.

Автокрана Решетка для процветания.

Первый шаг - решить, какую цель вы хотите реализовать. Напишите на листе бумаги свое желание материального процветания, обязательно в настоящем времени, в нем не должно быть слова НЕТ. Например, "Я привлекаю в свою жизнь изобилие, и у меня есть все, что мне нужно".

Затем выберите кристаллы, которые вы будете использовать.

- Центральный кристалл: пирамидку из пирита, цитрина или малахита поместите в центр решетки, под которую положите бумагу с намерением.

- Окружающие кристаллы. Шесть кристаллов изобилия: цитрин, зеленый авантюрин или пирит.

- Кварцевая точка: этот кристалл вы будете использовать для активации решетки после ее создания.

Чтобы очистить камни от энергий, которые они могли впитать, прежде чем попасть к вам в руки, перед ритуалом их следует очистить кварцем, лучше всего морской солью. Оставьте их с морской солью на ночь. Когда вы достанете их, можно также зажечь пало Санто, чтобы усилить процесс очищения.

Вы будете использовать фигуру АНТАХКАРАНА, которая является символом защиты и может быть использована для изготовления других типов грилей. Вы также можете использовать другие священные геометрические фигуры, такие как Цветок Жизни, Куб Метатрона, Семя Жизни или Символ Бесконечности.

Геометрические узоры помогают нам лучше представить, как энергии соединяются между узлами; узлы — это решающие точки в геометрии, это стратегические позиции, где вы разместите кристаллы, чтобы их энергии взаимодействовали друг с другом, создавая энергетические потоки высоких вибраций, (как будто это цепь), которые мы можем направить на наше намерение.

Ищите тихое место, так как при работе с кристаллическими узелками мы работаем с универсальными энергиями. Вы будете использовать чистые камни. Это должны быть пирит, цитрин, малахит или белый кварц. Возьмите камни по одному и положите их в левую руку, которая у вас будет в виде чаши, накройте ее правой рукой и повторяйте вслух символы Рейки: Cho Ku Rei, Sei He Ki, Hon Sha Ze Sho Nen и Dai Ko Mio, по три раза подряд каждый. Это делается для того, чтобы зарядить камни энергией.

Активация кристаллической решетки

Сложите бумагу и поместите ее в центр сетки. Поместите пирамиду на вершину, этот камень в центре - фокус, остальные расположите, как в *примере. Соедините их кварцевой точкой, начиная с фокуса, круговыми движениями по часовой стрелке.

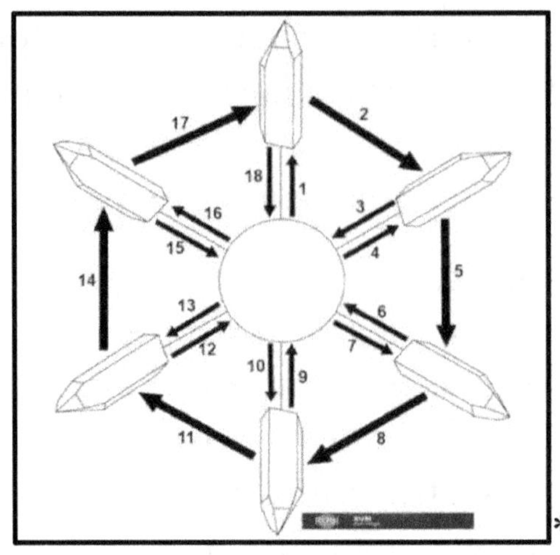

*Автокрана Гриль.

Установив гриль, оставьте его в таком месте, где никто не сможет к нему прикоснуться. Раз в несколько дней необходимо активировать его, мысленно представляя то, что вы написали на бумаге.

Примеры сакральных геометрических фигур для кристаллических решеток.

Автокрана.

Цветок жизни.

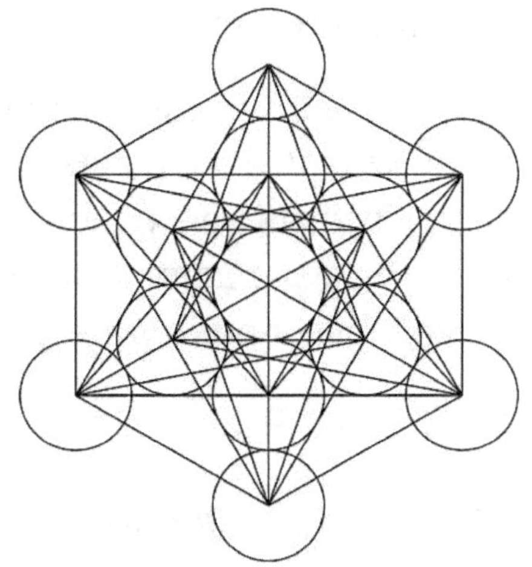

Куб Метатрона.

Простые ритуалы с растениями для привлечения денег

Ритуал с рудой: Самое известное счастливое растение. Нужно положить несколько листьев и стеблей в красный мешочек, который вы всегда будете носить в сумочке или кошельке.

Ритуал с подсолнухом: положите лепестки подсолнуха в конверт вместе с листом бумаги, на котором вы ранее написали все свои пожелания процветания и изобилия. Конверт храните в книге, которую никто не трогает.

Ритуал с лавандой: поместите цветы и листья лаванды в зеленый мешочек. Положите его под подушку. Каждый вечер, ложась спать, благодарите за все деньги, которые у вас есть, и за деньги, которые приходят в вашу жизнь.

Бразильское заклинание процветания.

Вам потребуется:

- 1 веточка петрушки

- 1 веточка мяты

- 1 головка чеснока

- 1 столовая ложка морской соли

- 1 белый льняной мешок

- 1 белая лента

Поместите пакет со всеми ингредиентами, перевязанный белой лентой, на внутреннюю сторону двери вашего дома. Меняйте его каждый месяц.

Одеколон процветания.

Вам потребуется:

- Флакон с вашими любимыми духами

- 5 капель эссенции корицы

- 7 капель эссенции сандалового дерева

- 9 капель розовой эссенции

- 11 капель меда

- 3 коричный ладан

- 3 золотые свечи.

Для того чтобы это заклинание было эффективным, необходимо произнести его в пятницу в момент планеты Юпитер.

В ручку духов, которыми вы пользуетесь ежедневно, положите мед и все капли эссенции и хорошо перемешайте. Зажгите три благовония. Свечи расположите в форме пирамиды, а ручку поместите в центр. При этом мысленно повторяйте все благословения, которые вы хотите получить в своей жизни, касающиеся материального процветания. Оставьте это место до тех пор, пока свечи не будут израсходованы. Теперь ваши духи освящены для изобилия. Вам остается только пользоваться ими.

Ключи к изобилию.

Вам потребуется:

- 3 старых ключа

- 1 счет общего пользования

- 1 зеленая свеча

Сложив три ключа в форме пирамиды, поместите купюру в центр и зажгите свечу. Во время этой операции мысленно повторяйте следующую аффирмацию: "Богатство приходит ко мне, потому что эти ключи открывают двери бесконечного изобилия прямо сейчас". Когда свеча догорит, спрячьте ключи в уголке процветания в своем доме.

Спрей изобилия

Для того чтобы этот ритуал был наиболее эффективным, его следует проводить в четверг, пятницу или воскресенье в период действия планеты Венера или Юпитер.

Вам потребуется:

- Вода во Флориде

- 1 палочка корицы

- Апельсиновая корка

- Вода полнолуния

- 1 флакон с распылителем

- 1 золотая лента

- 7 монет

- 1 золотая свеча

Лунную воду с палочкой корицы и цедрой апельсина необходимо кипятить в течение 10 минут. Дайте им отдохнуть в прохладном темном месте в течение трех дней. Затем добавьте Aguaflorida и залейте в распылитель. Разложите семь монет по кругу вокруг распылителя. В центре зажгите золотую свечу. Во время выполнения этой процедуры повторяйте вслух: "Изобилие приходит ко мне, деньги в изобилии, все мои потребности удовлетворены". Когда свеча догорит, привяжите золотую ленточку к распылителю и опрыскайте все вокруг, что связано с деньгами.

Сакральные числовые коды.

Сакральные коды", ченнелинге Хосе Габриэля Авеста, — это техника экстренной помощи, которую Вознесенные Владыки оставили для самых сложных периодов, через которые нам предстоит пройти. Они формулируют математику другого измерения, по сути, это числа, которые активируют конкретные энергии. Они действуют с помощью числа, которое вы повторяете, и существа света отвечают на ваши запросы и ваши вибрации. Вы должны повторять указы или аффирмации изобилия, чтобы код вибрировал в соответствии с тем, что вам действительно нужно. В соответствии со своими желаниями вы выбираете код и повторяете его 45 раз — это число манифестации, столько раз, сколько вы решите в течение дня. После повторения нужно трижды поблагодарить.

Когда вы произносите коды, ваша энергия сливается с энергией того существа света, к которому вы обращаетесь, и это активизирует проявление того, о чем вы просите. Вы должны направить всю свою энергию и довериться.

Активация кода

Повторите выбранный код 45 раз. За рулем, во время принятия ванны или во время медитации. Место не имеет значения, важна ваша связь и намерение.

Лучший способ следить за тем, как произносить священный код, - носить на шее ожерелье из 45 бусин или шнурок с 45 узлами. Вы можете произносить код мысленно или устно. Вы повторяете число тем способом, который для вас наиболее удобен.

Например, число 520 можно произносить по одному (пятьсот двадцать), по цифрам (пять, два, ноль) или, если это длинное число, то его можно произносить двойками или тройками. Для одной и той же цели могут использоваться разные коды.

Чтобы обрести экономическое процветание и изобилие, необходимо знать эти сакральные коды:

- Неожиданные деньги: 520

- Деньги, связь с элементалем: 47620

- Деньги через планетарного джинна Оч.: 1016

- Деньги, улучшение финансового положения: 5701

- Деньги, для срочных случаев: 897

- Деньги, если кто-то задолжал нам или для возврата денег: 858

 - Деньги, чтобы они текли к нам: 1122, 5701

  - Деньги, к поступлению: 897

   - Деньги, чтобы освободиться от финансовых проблем и отдать заботы Богу: 608

   - Деньги, чтобы нужные вам деньги приходили без камней преткновения: 42170

  - Успех в жизни: 2190

  - Чистая почва для процветания: 773

  - Процветание: 079

  - Ангел богатства: 88829

  - Ангел Изобилия: 71269

  - Поиск работы: 6700, 54545,5600

Аффирмации Изобилия.

Эти указы следует выполнять в течение 21 дня, чтобы увидеть результаты, по возможности три раза в день. Если вы будете повторять их вслух, они будут более действенными.

Я процветаю.

Я принимаю свое изобилие.

Моя душа и тело находятся в гармонии с вибрациями процветания, и успех легко приходит в мою жизнь.

Я выбрал жизнь в достатке, я достигало.

Я претендую на свою законную долю богатства. Я процветаю. Деньги приходят в мою жизнь в изобилии и без всяких усилий.

Я процветаю и богатею, деньги текут в мою жизнь постоянно, непрерывно и без усилий, деньги растут в моих руках, как деревья в поле, все, что я трачу, возвращается ко мне приумноженным, ибо я источник всех богатств.

Я бесконечная любовь, источник богатства, изобилия и процветания.

Я совершенное изобилие и божественное богатство.

Я процветаю в своем бизнесе и в своих финансах.

Я божественная мудрость, которая разумно формирует все существование. Я спокойно иду через изобилие. Я вижу себя в процветании.

У меня есть возможность создавать свой собственный мир. Мои мечты материализуются, потому что я упорно иду к ним. Все, что я задумал, я достигаю.

Сегодня я принимаю решение жить в изобилии, с успехом, любовью и счастьем. Я принимаю решение иметь все лучшее, каким бы замечательным оно ни было. Я думаю об успехе и изобилии.

Моя магнитная вибрация притягивает благополучие в мою жизнь и во все, что меня окружает. Я верю в силу притяжения.

Процветание с помощью фэн-шуй.

- Держите в кошельке или за входной дверью на дверной ручке три монеты И-Цзин или китайские золотые монеты, это сразу же повысит ваш личный доход.

- Корзина со свежими фруктами или цветами на кухонном или обеденном столе приносит изобилие и процветание. Орхидея, особенно фиолетовая, поставленная с полным намерением на обеденный стол, принесет процветание и успех.

- Установите фонтан с движущейся водой снаружи или непосредственно перед входной дверью вашего дома или офиса. Движущаяся вода - прекрасный способ направить поток изобилия прямо в ваш дом. Вы также можете получать доход, разместив фонтан с движущейся водой в зоне Богатства дома или офиса. Поместите фонтан в задней левой части главного этажа и добавьте в воду 4 кристалла аметиста, 5 пиритов и 6 малахитов, сгруппированных вместе так, чтобы образовать гору богатства.

- Поместите нефрит, бамбук (с 4 стеблями) в богатый угол вашего дома или офиса.

- Поставьте на кухне три свежих розмарина - любое трио растений, дополняющее декор кухни, заметно увеличит количество денег, доступных вам в банкомате.

- Покрасьте входную дверь в красный цвет — это традиционное и классическое средство от богатства по фэн-шуй. Если вы не можете покрасить входную дверь в красный цвет, просто покрасьте ее в золотой, желтый или зеленый. Выберите из них тот цвет, который лучше всего подходит к декору вашего дома. Если вы не можете или не хотите менять цвет входной двери, то нарисуйте маленькую красную точку на уровне глаз с левой стороны дверной коробки. Эта точка имеет грозное и счастливое значение.

Предметы, привлекающие процветание.

Чтобы избавиться от негативных энергий, которые нас сдерживают, можно выбрать различные прикосновения, привлекающие удачу и процветание.

- Статуэтка слона на счастье. Символизируя силу и мощь, он привлекает в дом удачу и мудрость. Идеальное место для размещения этого амулета - прихожая дома, обращенная внутрь, приветствующая процветание и впускающая его в дом.

- Бамбук для процветания. Для привлечения успеха и процветания, по утверждению азиатов, отлично подходит бамбук.

- Конский башмак. Это один из самых популярных талисманов для привлечения удачи. Его полукруглая форма связана с плодородием, а железо, из которого он сделан, - с силой. Чтобы он работал как амулет, его рекомендуется вешать на дверь концами вверх. Таким образом, он становится вместилищем астральных сил. В идеале следует искать подкову с семью отверстиями, поскольку именно это число предков ассоциируется с удачей.

- Рыба. Золотая рыбка - один из восьми священных символов Будды, поэтому она считается талисманом богатства и удачи. Но не обязательно, чтобы она была только золотой. Фигурки рыб могут быть серебряными, хрустальными или даже вырезанными из дерева, их можно оставить в доме или использовать в украшениях. Они не только привлекают добрую энергию, но и защищают владельца от несчастья.

- Кошка удачи. Этот талисман японского происхождения, пожалуй, один из самых известных на Западе. Котенок с поднятой в знак призыва рукой приглашает добрые энергии войти в дом или помещение. Кошку можно поместить в любом месте дома, где она будет видна, но лучше всего напротив двери.

- Глаз Гора. Этот традиционный амулет египетской цивилизации используется с древнейших времен, в основном для того, чтобы избавить от зависти и "дурного глаза". Считается также, что он отпугивает болезни. Обычно встречаются два варианта глаза: левый, символизирующий Луну, и правый, представляющий Солнце. Последний - тот, которому приписывается добрая энергия.

- Улыбающийся Будда. Наличие в доме фигурки улыбающегося Будды приносит богатство, процветание и деньги. Кроме того, она преобразует энергетику дома так, что в нем воцаряются мир и хорошее настроение.

- Черепаха. Черепаха олицетворяет здоровье, долголетие, стабильность и равновесие, а наличие ее в качестве домашнего животного предвещает процветание. Статуэтка черепахи, несущей на спине своего птенца, символизирует хорошие возможности, которые появятся в будущем.

- Канделябр. Канделябр должен иметь семь рук, он относится к древнееврейской традиции и считается талисманом, приносящим счастье и равновесие в доме. Даже в эзотерическом мире он представляет собой свет во тьме. Чтобы привлечь в дом изобилие и удачу, следует повесить миниатюрный канделябр за входной дверью своего дома.

- Турецкий глаз. Исторически он служит для отвода сглаза. Если поместить его напротив двери, он приносит в дом удачу и служит защитой от злых и плохих энергий.

- Четырехлистный клевер. Он является талисманом удачи, хотя это очень редкий экземпляр, встречающийся лишь в одном случае из 10 000. Каждый лист клевера представляет собой элемент счастья: любовь, здоровье, удачу или процветание.

- Старинные ключи. Старинные ключи приносят удачу, особенно в домашнем хозяйстве, бизнесе и работе. Они символизируют открытие дверей, то есть новых возможностей.

- Колокольчики. Они наполняют дом хорошими вибрациями и способствуют циркуляции добрых энергий, отталкивая негативные и привлекая позитивные. Их обычно размещают на дверях или во внутренних двориках.

- Игральные кости. Они символизируют будущее и удачу. Их нужно всегда носить с собой в кошельке, портмоне или в сумке.

- Рука Фатимы. В некоторых культурах она считается носителем удачи, изобилия и здоровья.

- Кресты. Караковые, египетские и кельтские кресты защищают от болезней. Они также привлекают процветание.

- Ветряные колокольчики. Они известны тем, что привлекают положительную энергию, поэтому их еще называют "ангельскими коммуникаторами".

- Кроличья лапка. Широко распространенный в западной культуре, он является одним из самых популярных и древних талисманов для дома.

- Синий цвет. Он символизирует водную стихию, поэтому создает текучесть. Если вы легко теряете деньги, добавьте этот цвет в свой дом.

- Кварц. Селенит, белый кварц и черный турмалин - прекрасные варианты кристаллов, притягивающих добрые энергии. Используйте их в качестве декоративных элементов и обязательно оставляйте на ночь на окне, чтобы зарядить их энергией лунного света.

- Фигурка дельфина. Истории о том, что дельфины привлекают удачу, очень древние и исходят от моряков и людей, работающих в море.

Объекты, мешающие процветанию.

- Нежелательные украшения или подарки. Не следует хранить предметы, подаренные людьми, которые вам неприятны, или теми, с кем вы разорвали резкие или неприятные отношения.

- Засохшие цветы, искусственные растения или прах умершего человека. Букеты с завядшими цветами или украшения с засохшими цветами, как правило, являются плохим предзнаменованием. То же самое происходит с искусственными растениями и цветами, а также с прахом умершего человека, поскольку они безжизненны, не пропускают энергию и негативно влияют на энергетический баланс дома.

- Кактусы или колючие растения. Кактусы или колючие растения не должны находиться дома, так как они могут привлечь экономические проблемы.

 - Разбитые или испачканные зеркала. Зеркала всегда должны выглядеть чистыми, если они разбиты или находятся в плохом состоянии, их следует выбросить. Согласно фэн-шуй, их никогда не следует размещать перед изножьем кровати.

- Веник вверх. Когда вы держите веник в ванной комнате, не следует класть его щетиной вверх — это синоним несчастья и отпугивания денег. Его всегда следует держать щетиной вниз.

- Части мертвых животных. Наличие дома частей умерших животных, таких как шкуры, раковины, рога, слоновая кость, улитки или чучела, приравнивается к несчастью. Это поверье связано с застойными энергиями. В вашем доме будет присутствовать смерть.

 - Испорченная одежда или одежда в плохом состоянии. Очень важно не допускать накопления старой или порванной одежды, которой мы больше не пользуемся. Они являются препятствием, не позволяющим обновить энергетику дома.

- Размещение аквариума на кухне или в спальне. Если вы разместили аквариум на кухне или в спальне, вы совершаете большую ошибку. Согласно фэн-шуй, эти помещения требуют большего присутствия элемента огня, а вода может его уничтожить.

- Старый календарь. Традиция гласит, что отображение неправильного года, месяца или дня напоминает о том, что время идет, и это негативно сказывается на вашей жизни, привлекая несчастья.

- Остановленные часы. Остановившиеся часы или просто неработающие часы лучше выбросить, по китайской традиции они привлекают несчастье, так как на них остановилось время. Это также признак короткой жизни.

- Фотографии стихийных бедствий. Фотографии в доме, на которых изображены стихийные бедствия, являются символом невезения. Не только изображения смерти или разрушений, но и снегопада или дождя.

- Черная дверь. (Только если она выходит на север). Согласно фэн-шуй, черная дверь, выходящая на юг, восток или запад, приносит несчастье.

- Парасоли или зонты в доме. Это одно из самых старых известных суеверий, связанных с дурными приметами. Сам по себе зонт не приносит несчастья и не является его символом, но, когда его раскрывают в доме или в любом помещении, считается, что он притягивает несчастье.

- Топор в доме. Топор в доме - предмет не только несчастья, но и смерти.

Растения, привлекающие процветание в дом.

Папоротник: это растение, которое мы можем легко разместить в своем доме, хорошо известно тем, что оно привлекает удачу и даже связано с защитой, эти качества связаны с процветанием.

Базилик: он хорошо известен тем, что придает особый вкус пище, это растение не может не присутствовать во вкусных соусах для пасты.

Однако он также способен привлекать удачу и отгонять несчастья.

Лаванда: это растение используется как основной элемент в ритуалах, для привлечения денег и избавления от невезения.

Перламутр: это растение родом из тропиков, благодаря рисунку листьев оно используется для украшения интерьеров, а также для привлечения денежного изобилия.

Герань: одно из древнейших растений, которому приписывают магические свойства. Ее используют для любви, плодородия и для защиты от колдовства. Еще одно преимущество - она привлекает деньги в ваш дом.

Денежное растение, известное под названием "Гвинейский каштан", очень известно как денежное растение, идеально подходящее для привлечения денег в дом и на работу. К его преимуществам можно отнести то, что его не нужно выращивать с особым усердием, поскольку он растет относительно легко.

Эвкалипт: просто сожгите несколько листьев и обойдите дом, чтобы аромат распространился по всем комнатам, устраняя плохие энергии и впуская изобилие.

Ромашка: используется с древних времен благодаря тысячам свойств и полезных свойств.

Она используется для устранения негатива и привлечения изобилия.

Алоэ вера: это растение используется в многочисленных ритуалах для борьбы с завистью, алоэ вера привлекает удачу и процветание в дома, где оно встречается.

Тимьян: это растение веками использовалось для очищения воздуха и устранения негатива.

Мята: мята всегда была известна своими целебными свойствами. Простое присутствие ее в доме способствует устранению плохих вибраций и привлечению экономического процветания.

Цвета для привлечения денег.

Мудрые мастера тысячелетиями размышляли о значении цветов для привлечения денег. Они подтвердили магнетическую способность этих цветов окутывать нас своей позитивной аурой и активизировать процветание. Вот некоторые из этих цветов:

Желтый.

С древнейших времен его использовали самые могущественные царствующие особы. Римляне использовали его как символ своего богатства, поскольку он притягивает деньги и материальное изобилие.

Зеленый.

Способность этого цвета привлекать деньги кроется в его сущности. Этимологически слово "зеленый" происходит от термина (virĭdis), что в переводе с латинского означает "энергичный", поэтому этот оттенок всегда ассоциируется с силой молодости.

Золото.

Из цветов для привлечения денег золото является ярким, оно ведет к привлечению большого богатства.

Красный.

Огонь жизни, проходящий через наше тело в виде крови, имеет этот цвет, он способен привлекать деньги, а его энергия побуждает нас к достижению поставленных целей.

Синий.

Это цвет уверенности, полезный для упрочения деловых отношений, привлечения денег и укрепления договоренностей.

Пентаграмма с морской солью для бизнеса.

В магии существует бесконечное множество фигур, имеющих, по сути, эзотерические связи. Пентаграмма - одна из самых узнаваемых и мощных фигур, поскольку ее использование восходит практически к временам греческого философа Пифагора.

Пентаграмма — это пятиконечная звезда, нарисованная одним штрихом. Для Пифагора и его учеников она была одновременно магическим и духовным знаком, поскольку эта фигура представляла гармонию между телом и духом.

С точки зрения экономики и бизнеса пентаграмма является счастливой звездой.

Ритуал изобилия с пентаграммой.

Вам потребуется:

- 1 желтый картон

- Золотые чернила

- Эфирное масло розмарина

- 1 кисть

- Мелкая морская соль

- Очищенная апельсиновая цедра

- Черная соль

- Пергаментная бумага

- 1 золотая свеча

- Семена апельсина или яблока

Чтобы ритуал был более эффективным, его следует проводить в четверг, пятницу или воскресенье в час Солнца.

Положите на стол кусок желтого картона и нарисуйте пентаграмму золотыми чернилами. На рисунок звезды нанесите розмариновое масло. Смешайте морскую соль с тертой цедрой апельсина и насыпьте ее поверх розмаринового масла. Положите черную соль на пять точек звезды. Напишите на свече слово "процветание" и свое полное имя, зажгите ее и поставьте в центр пентаграммы. Когда свеча догорит, вы должны все закопать. Сверху посеять семечко апельсина или яблока. 11-го числа каждого месяца поливайте его водой с добавлением порошка корицы.

Ритуал для получения больших денег.

Вам потребуется:

- 7 фаянсовых контейнеров с крышками

- 1 ст. л. меда

- 7 монет золотого, серебряного или бронзового цвета

- 1 золотая свеча

- 1 желтая свеча

- 1 зеленая свеча

- 1 синяя свеча

- 1 фиолетовая свеча

- 7 золотых лент

- Лавандовый ладан

- Листья мяты

Для того чтобы ритуал был эффективным, его необходимо проводить в воскресенье в час планеты Венера.

Зажгите лавандовое благовоние и все свечи. Положите в каждый глиняный сосуд монетку и листик мяты. Налейте мед на монеты и воск от каждой свечи. Привяжите к каждому контейнеру ленточку и разложите их по дому в местах, где никто не сможет их открыть. Во время проведения этого ритуала мысленно повторяйте свои указы о процветании. Дайте свечам догореть.

Греческий ритуал с лавром и чесноком для привлечения денег.

Вам потребуется:

- 1 небольшая стеклянная бутылка с пробкой

- 7 зубчиков чеснока

- 7 лавровых листов

- 7 листьев руты

- 1 золотая свеча

- 1 зеленая свеча

- Ладан с корицей

- 1 белый кварц

- Дождевая вода или вода полнолуния

- 1 воронка

- Квадрат Юпитера

4	14	15	1
9	7	6	12
5	11	10	8
16	2	3	13

Квадрат Юпитера.

Зажгите благовония с корицей и свечи. Затем налейте в бутылку немного дождевой или лунной воды, белого кварца, чеснока, руты и лавровых листьев. Закройте бутылку и запечатайте ее воском золотой свечи. Мысленно повторяйте про себя: "Чеснок, рута и кварц отгоняют от меня все негативные вибрации, лавр привлекает в мою жизнь изобилие". Оставьте бутылку на вершине квадрата Юпитера рядом с двумя свечами, пока свечи не догорят. Затем спрячьте ее под кровать и сожгите квадрат.

Заклинание "Мешок изобилия".

Этот ритуал наиболее эффективен, если проводить его во вторник в момент нахождения планеты Венера или в четверг в момент нахождения Солнца.

-

Вам потребуется:

- 1 маленький золотой мешочек

- 1 зеленая свеча

- 2 монеты

- 1 законная платежная купюра

- 1 кусок золота

- 1 небольшой кусок олова

- 1 прядь ваших волос

- Зерна пшеницы, риса, нута и чечевицы

- 1 сушеный лист розмарина

- 1 металлическая пластина

- 1 зеленая лента

- Спектакль Юпитера №7 на листе бумаги. (Вы найдете его в конце книги).

Положите листья розмарина на металлическую пластину, поставьте на нее зеленую свечу и зажгите ее. На обратной стороне бумаги со спектаклем напишите все свои пожелания процветания и изобилия. Внутрь мешочка положите монеты, купюру, золото, олово, пшеницу, рис, горох, чечевицу и спектакль Юпитера. Закройте его и завяжите зеленую ленточку, затем пропустите ее через дым от свечи. Когда свеча догорит, храните мешочек под матрасом. При желании раз в месяц доставайте его и держите при себе в кошельке или кармане.

Денежный ритуал на покупку дома.

Этот ритуал будет более эффективным, если проводить его в воскресенье, четверг или пятницу в час Солнца.

Вам потребуется:

- 1 глиняный контейнер с крышкой

- 1 желтая лента

- 1 золотая лента

- Песок

- 1 монета

- Сандаловое благовоние

- 1 золотая свеча в форме пирамиды

- 4 улитки

- 4 апельсиновых листа (плода)

Привяжите ленточки к глиняному контейнеру, положите внутрь листья апельсина, монету, улиток и засыпьте песком. В центре на песок поставьте свечу и зажгите ее вместе с благовониями. Когда свеча догорит, накройте контейнер и поставьте его в благополучный угол дома.

Ритуал для ускорения продажи дома.

Вам потребуется:

- 1 ключ от дома

 -1 оранжевая лента

- Спектакль Юпитера №3 (он находится в конце книги)

- 1 зеленая свеча

- 1 белое птичье перо

Проводить этот ритуал нужно в часы действия планеты Юпитер, Венера или Сатурн, но в ночное время. Важно, чтобы недвижимость уже была выставлена на продажу.

Зажгите зеленую свечу и поставьте ее на вершину пенала Сатурна. В отверстие ключа вводите ленту и делаете пять узлов, в концы которых завязываете белое перо. Положите его перед свечой и повторяйте вслух: "Я решил жить в роскоши, я - победитель, я рожден для успеха и победы. Я предприниматель, и я претендую на ту часть богатства, которая мне соответствует. Этот дом уже продан". Когда свеча догорит, вы закапываете все в своем дворе или в парке.

Марокканский ритуал с чесноком и подсолнечником для экономического процветания.

Вам потребуется:

- 21 зубчик чеснока

- 21 семена подсолнечника

- Металлический контейнер

- 21 сушеный лист руты

Положите в металлическую тарелку высушенные листья руты, подожгите их спичкой и пронесите ее по всем углам дома. Затем в эту же тарелку положите чеснок и семена подсолнечника. Поставьте эту тарелку на высокое место в кухне вашего дома. Повторить ритуал можно, когда зубчики чеснока сгниют.

Германский ритуал получения кредита.

Для повышения эффективности лучше всего проводить его в среду или пятницу.

- Карточка компании, у которой Вы хотите получить кредит или заем (если у Вас ее нет, напишите на зеленой бумажке ее название и запрашиваемую сумму).

- 1 ст. л. меда

- 5 цитрусовый кварц

- 1 палочка корицы

- 1 зеленая свеча-пирамидка

 -1 ладан с корицей

- 1 фаянсовая миска

- 1 кусок золотой ткани.

- 1 золотая лента

Зажгите благовония и проведите ими над карточкой или бумагой компании, которую вы хотите прокредитовать. Положите бумагу или карточку в сосуд, добавьте цитрины. Налейте мед и палочку корицы и накройте банку куском золотистой ткани, завязав ее лентой с пятью узлами. Затем зажгите зеленую свечу в форме пирамиды и, когда она сгорит, выбросьте остатки. Банку следует спрятать в темном месте, где к ней нет доступа.

Ритуал для умножения продаж.

Вам потребуется:

- Луковый порошок

- Порошкообразная корица

- Тертая лимонная цедра.

- Морская соль

- Молотая мята

- Пивные дрожжи

- Чесночный порошок

- Цедра грейпфрута, натертая на терке

Смешайте все эти ингредиенты в ступке и пестике. Каждый четверг в час планеты Венера или Солнца вы будете посыпать все уголки своего бизнеса этим волшебным порошком. Разложите порошок на торговых полках, на входной двери и на кассовом аппарате.

Лягушка богатства фэн-шуй.

Эту лягушку следует поместить около входа в дом и обратить лицом внутрь. Для деловых людей предпочтительнее размещать ее в богатстве. Не следует располагать ее в спальне, на кухне и в ванной комнате. Никогда не оставляйте его на полу или на земле. Его следует располагать на чем-то красном. Если вы покупаете лягушку с рубином, убедитесь, что эта сторона направлена вверх (и ни в коем случае не вниз), когда вы кладете ее в рот лягушке. Если вы покупаете лягушку с монетой, на одной стороне которой изображены китайские письмена, а на другой - символы, то при помещении монеты в рот лягушки следите за тем, чтобы сторона с китайскими символами была обращена вверх. Всего в доме рекомендуется иметь девять лягушек. Разместите их незаметно и в разных направлениях.

Фэн-шуй для бумажника, кошелька или портмоне.

Следите за порядком в бумажнике или кошельке, не загромождайте его ненужными бумагами. Кошелек должен быть вместительным, в нем должно помещаться больше денег. Цвета обладают энергией, поэтому следует тщательно выбирать цвет кошелька.

Красный цвет очень благоприятен, считается, что он привлекает богатство и изобилие.

Синий - цвет стихии воды, в фэн-шуй он является древним символом изобилия, что делает синий цвет отличным выбором для процветания кошелька.

Черный цвет также является цветом стихии воды по Фэн-Шуй, что делает его отличным выбором для кошелька или бумажника.

Коричневый цвет - самый популярный (после черного), поскольку существует множество фактур натуральной кожи, делающих этот вариант очень привлекательным. Кроме того, он очень благоприятен для привлечения изобилия.

Зеленый цвет, относящийся к элементу дерева в Фэн-Шуй, является отличным выбором, поскольку он свеж.

Зона богатства в вашем доме.

Посмотрите на план своего дома, если вы заметили, что он прямоугольный, поставьте себя у входной двери, и зона богатства окажется внизу слева. То есть, если это прямоугольник, то в левом нижнем углу плана.

Существует очень сильная связь между этой зоной вашего дома и тем, как обстоят дела в вашей экономической сфере. В этом месте не должно быть ненужных вещей, там следует разместить соляные лампы, фонтаны, изображения, символизирующие процветание, и золотые украшения.

Волшебная свеча.

Вам потребуется:

- 1 лист бумаги

- 1 зеленый карандаш

- 1 бумажный пакет для картриджей

- Белая фарфоровая тарелка

- Свеча золотого цвета

- Зеленый деревянный ящик

Это заклинание следует выполнять в понедельник или четверг, в то время, когда находится планета Венера.

Напишите на бумажке количество денег, которое вам необходимо. Сложите эту бумажку на три части и положите в мешочек, поставьте его на фарфоровую тарелку. Зажгите золотую свечу и поставьте ее на мешок. Дайте свече догореть, а остатки положите в деревянную шкатулку и храните ее в тайном месте.

Магический хлопок для изобилия.

Вам потребуется:

- 1 хрустальная чаша

- 1 купюра любого достоинства

- 1 мешок с хлопком

- Коричневый сахар

- Мед

Наполните хрустальную чашу медом, положите в середину купюру и засыпьте ее сахаром. Поместите все в мешочек с хлопком и закопайте его на заднем дворе или в парке, а пока закапываете, мысленно повторяйте: "Изобилие приходит ко мне, я получаю деньги из неожиданных источников, я процветаю, деньги текут ко мне из многих источников". Убедитесь, что это место, где никто не сможет его откопать.

Ритуал для выигрыша в лотерею.

Вам потребуется:

- 1 золотая свеча

- 1 веточка лаврового листа

- Морская соль

- 1 стакан с водой "Полнолуние", "Дождь" или "Затмение

- 1 Жасминовое благовоние

- 2 камня пирита

- 1 лотерейный или лотерейный билет, не являющийся выигрышным

- 5 монет

- 5 банкнот, являющихся законным платежным средством

Это заклинание будет более эффективным, если проводить его в четверг или воскресенье.

На столе слева от себя поставьте стакан с водой, зажгите свечу и благовония и поместите их в центр. Пириты поместите справа. Морской солью сделайте круг, в который войдут вышеперечисленные ингредиенты. Пламенем свечи сожгите лотерейный билет и, выполняя эту операцию, трижды повторите следующее: "Невезение уходит из моей жизни". Внесите в стакан со святой водой лавровую ветвь и мысленно повторите пять раз: "Я получаю свой приз и удачу". Возьмите купюры и монеты и положите их рядом с пиритами. Когда свеча догорит, можно выбросить все в мусорное ведро, кроме пиритов, которые закопайте во дворе или в цветочном горшке. Купюры и монеты будут лежать под матрасом до тех пор, пока вы не решите купить на них лотерейный билет.

Спектакль Процветания.

Вам потребуется:

- 1 золотая свеча

- 3 апельсина (фрукты)

- 3 подсолнуха

- 5 монет общего пользования

- Масло корицы

- 5 малахит

- 1 законная платежная купюра

Нарисуйте спектакль маслом корицы, в каждую точку звезды положите монету и малахит. В центр положите вытянутую купюру, а на нее -

апельсины, образующие треугольник. Зажгите свечу и, держа левую ладонь над пламенем, повторяйте вслух: "Огонь процветания, спектакль успеха, принеси богатство в мою жизнь". Во время произнесения этих слов правой рукой разбрасывайте лепестки подсолнухов вокруг пенала. Когда свеча догорит, можете выбросить все, кроме малахита, который вы спрячете в уголке процветания в своем доме. Купюру и монеты нужно бросить у входа в очень процветающий бизнес.

Ритуал с дождевой водой за деньги.

В стеклянную чашу наберите дождевой воды, внутрь насыпьте пять монет, пять цитринов, пять белых кварцев, пять малахитов, пять пиритов и пять аметистов. Эту чашу следует поставить на высокое место в вашем бизнесе или доме. Когда вода испарится, ее можно наполнить.

Ритуал избавления от бедности.

Вам потребуется:

- 1 стеклянное блюдо

- 1 большая желтая свеча

- Очистка головки чеснока

- 11 монет общего пользования

- 1 новая швейная игла

- 1 новые ножницы

Напишите на желтой свече, начиная снизу, свое полное имя и одиннадцать раз денежный знак ($). Зажгите ее и поставьте на стеклянную тарелку. Вокруг нее разложите монеты и шелуху от головки чеснока. Во время выполнения этой операции мысленно повторяйте: "Благодарю тебя за все изобилие, которое уже на пути в мою жизнь, я верю в изобилие и устраняю все блокировки бедности". Когда свеча будет израсходована, ее остатки можно выбросить, а монеты потратить.

Ритуал по выплате долга.

Этот ритуал наиболее эффективен, если проводить его в четверг или пятницу в момент нахождения планеты Венера или Солнца.

Вам потребуется:

- 1 жемчужное ожерелье

- 1 кусок красной ткани

- 1 аметист

- 1 речной камень

- 1 стакан со свежим коровьим или козьим молоком

Расстелите на столе красную ткань, положите ожерелье в виде круга, а в центр поставьте чашку с молоком, куда предварительно должны были быть внесены аметист и речной камень. Стоя перед этой чашей, мысленно повторяйте про себя: "Все долги уходят из моей жизни, я освобождаюсь от рабства долгов". Оставьте ее в таком виде на 24 часа. На следующий день выбросьте молоко, а ожерелье оставьте. Аметист и камни спрячьте в сумочку, которой не пользуетесь.

Заклинание с кокосовыми орехами для получения денег.

Вам потребуется:

- 3 целых кокоса

- 1 стакан дождевой или лунной воды

- 1 белая свеча

В пятницу вечером перед сном положите три кокосовых ореха рядом с кроватью, на уровне головы. Рядом поставьте стакан со священной

водой и зажженную белую свечу. На следующее
утро, когда вы встанете, вылейте воду перед
домом. Возьмите один за другим кокосовые орехи
и левой рукой проведите ими по своему телу. При
этом мысленно повторяйте: "Я - магнит, и я
постоянно притягиваю изобилие и процветание".

Баня "Процветание".

В большую миску со священной водой следует
положить много листьев руты, эвкалипта,
апельсина, розмарина, петрушки и лепестков
подсолнечника. Сжать листья руками и оставить на
10 минут для мацерации. Процедите эту смесь и
после обычной ванны вылейте ее на голову.
Вытираться насухо не следует.

Заклинания для выигрыша в азартных играх.

Это заклинание будет очень эффективным, если вы
произнесете его в пятницу, в период действия
планеты Венера или Юпитер.

Возьмите бумажник или кошелек и положите в
него немного крупной морской соли. Туда же
следует положить купюру крупного достоинства.

Закройте кошелек и перевяжите его золотой ленточкой. Завязывая ее, повторяйте вслух: "Эта мощная соль изобилия приумножит мои деньги и привлечет ко мне удачу в азартных играх". Кошелек нужно оставить на неделю под подушкой, по истечении этого времени соль выбросить в землю, а кошелек оставить в бумажнике (использовать его для азартных игр нельзя) рядом с мужским листом руты.

Потекли Юпитера, которые гарантируют процветание.

Потекли - магические фигуры, способные передавать положительную энергию окружающему миру. Действие пента клей Юпитера проистекает из сочетания букв, знаков и благотворных формул, они графически и мистически символизируют желание. Они четко действуют на психику людей, имеющих с ним визуальный контакт.

Самая большая подборка пента клей содержится в "Ключниках царя Соломона" - томе высокой магии, приписываемом этому библейскому царю. В нем 36 пента клей, имеющих различное назначение, и среди них - семь пента клей Юпитера.

Потекли для процветания.

Назначение этих пента клей - обеспечивать изобилие, разрешать конфликты, связанные с работой, и служить помощником в более непосредственном восприятии всевозможных благ, дарующих большее процветание.

Юпитер, так называемый в астрологии Великий бенефис, - планета, связанная с экспансией, оптимизмом, связями с влиятельными людьми и способностью приносить удачу. Рисовать их следует с большой концентрацией и с намерением, чтобы они воплотили вашу волю. Наиболее подходящий материал - лист пергамента. После завершения работы их следует повесить где-нибудь на видном месте, например, на кассе или в бумажнике. (Их можно распечатать).

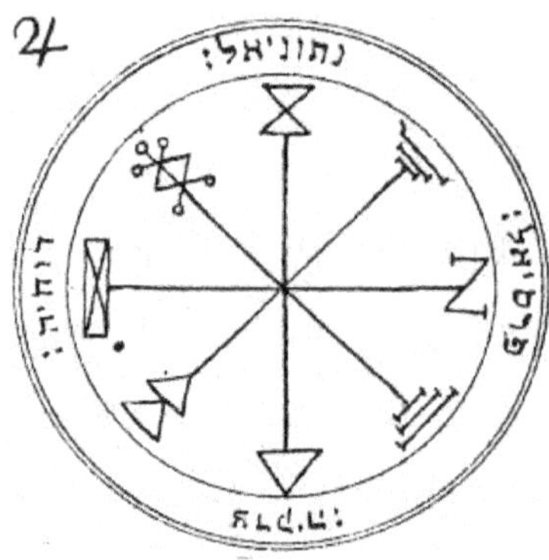

Первый Спектакль Юпитера.

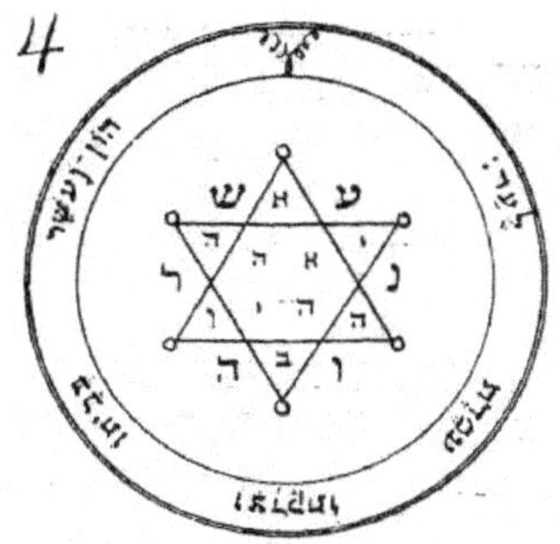

Второй Спектакль Юпитера.

Третий Спектакль Юпитера.

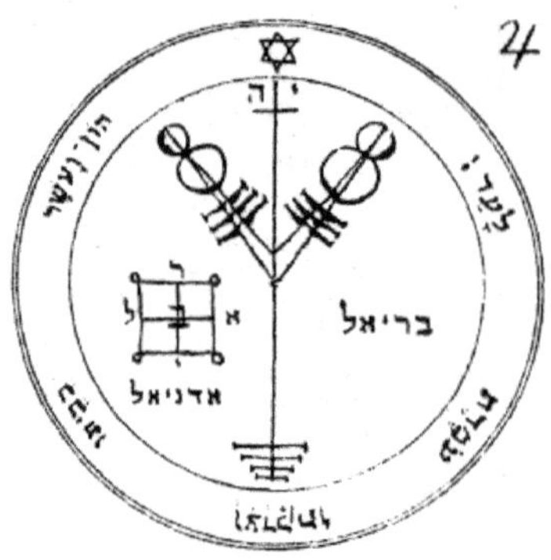

Четвертый Спектакль Юпитера.

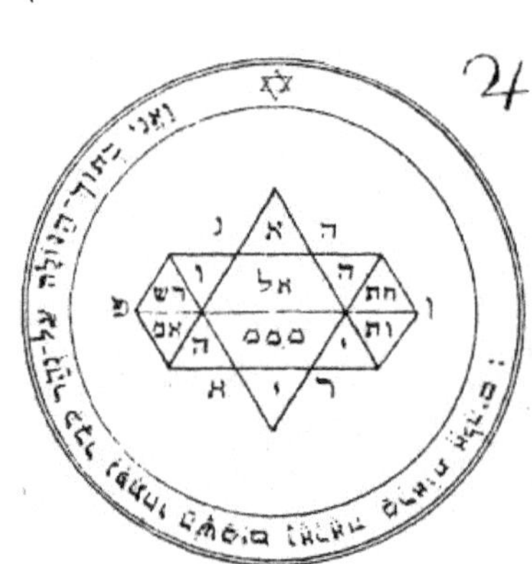

Пятый спектакль Юпитера.

Шестой спектакль Юпитера.

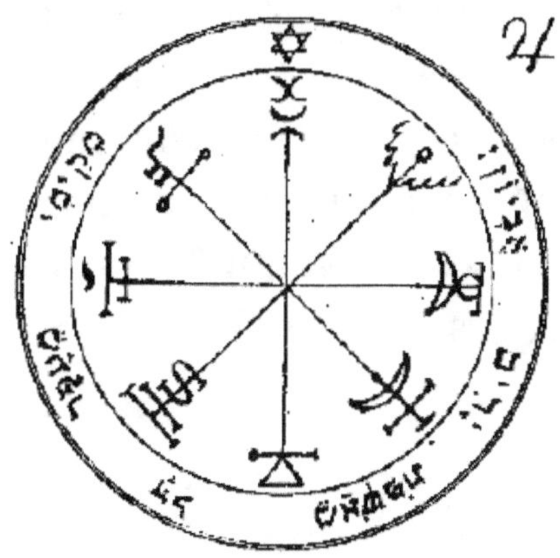

Седьмой спектакль Юпитера.

Звезда царя Мидаса. Символ Рейки, обозначающий изобилие и процветание.

Одна из самых популярных историй - история о прикосновении Мидаса. Все, к чему прикасался царь Мидас, превращалось в золото. (Я убежден, что в какой-то момент нашей жизни, когда мы попадали в финансовый кризис, мы мечтали о том, чтобы у нас было такое же прикосновение Мидаса.

Звезда царя Мидаса - символ процветания, которому обучают в Рейки. Она не только приносит изменения во все сферы жизни, где есть блокировки, но и помогает нам достигать наших целей.

Созвучие с этим символом не означает, что мы можем тривиально тратить свои деньги. С помощью этого символа в вашу жизнь придет обильный денежный поток. Красная линия, проведенная под символом, усиливает его силу; кроме того, энергия становится более приземленной.

Звезда Мидаса. Символ процветания и изобилия в Рейки.

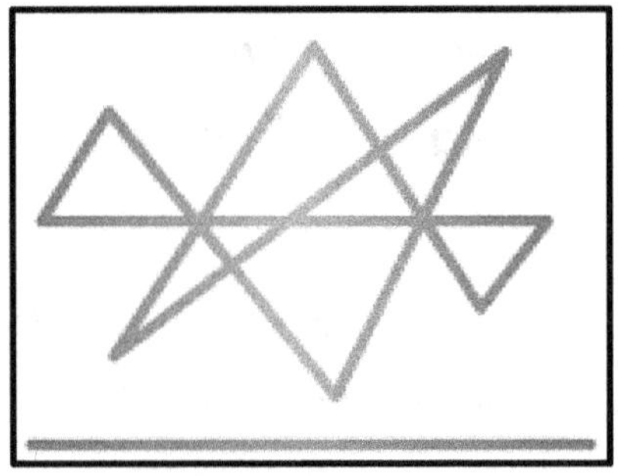

Этот символ можно рисовать на получаемых наличных деньгах или чеках. Можно нарисовать его на листке бумаги и хранить в своей шкатулке Рейки для обеспечения денег и изобилия. Это один из самых охраняемых символов Рейки, и созвучие с ним может творить чудеса.

Символ манифестации процветания в Рейки.

Символ манифестации можно сделать следующим образом. Возьмите лист бумаги, напишите, чего вы желаете в финансовом плане, и нарисуйте символ манифестации на четырех сторонах листа, храните его в ящике желаний или кошельке.

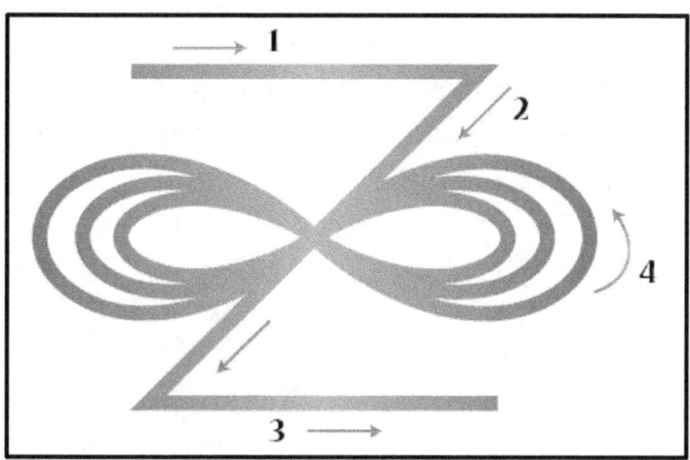

Символ манифестации.

Копилка финансовых желаний.

Выберите деревянную коробочку и на внутренней стороне зеленой ручкой нарисуйте символ манифестации, а также символ денег Рейки с одной стороны. На другой стороне красной ручкой нарисовать символы Воздуха и Чигирей. На третьей стороне синей ручкой нарисуйте символ мастера DayKoMio, а на четвертой - оранжевой ручкой символ SeiHeiKi и знак доллара Рейки. После этого вы можете написать на листе бумаги свои финансовые цели на год и положить их в коробку. Вы также можете написать другие цели и все, что хотите проявить в плане изобилия, например: "Я получаю много клиентов и зарабатываю $XX каждый месяц" или "Я покупаю дом на берегу моря и буду жить там счастливо со своей семьей". Положив их в шкатулку, раз в неделю проводите Рейки, визуализируя проявление своих желаний.

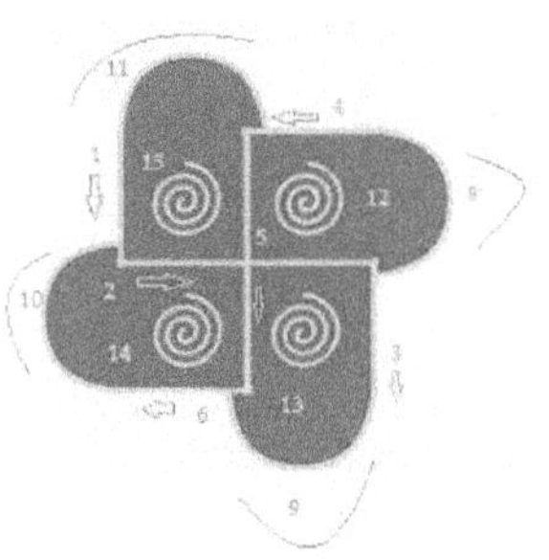

Символ Воздуха.

Денежный символ в Рейки.

Деньги.

Иногда самая главная причина отсутствия денег кроется не в недостатке профессионального образования, не в везении и не в судьбе. Она кроется в нашем подсознании. Если вы действительно верите в то, что заслуживаете достаточного количества денег, вы пошлете эту вибрацию во Вселенную, и деньги придут в вашу жизнь. Если же вы подсознательно верите, что деньги трудно найти или что они достаются лишь немногим счастливчикам, вы блокируете приток денег в свою жизнь. Блокировка финансового изобилия является следствием глубоко укоренившихся представлений о бедности. Многим из нас внушили, что для того, чтобы жить в достатке, нужно упорно трудиться. Правда заключается в том, что для достижения финансового изобилия вовсе не обязательно упорно трудиться целыми днями. Вы должны работать с умом, чтобы привлечь финансовое изобилие и процветание.

Важным условием привлечения процветания является благодарность за работу или другие источники дохода, которые у Вас есть, даже если они Вам сейчас не нравятся, будьте благодарны за то, что они помогают Вам быть финансово защищенным. Каждый раз, когда вы получаете деньги, какой бы маленькой ни была сумма, благодарите за это Вселенную. Когда вы смотрите на свой банковский счет, будьте благодарны за деньги, которые крутятся в вашей жизни. Благодарность за то, что у вас есть, не только поможет вам ценить и наслаждаться всем, что у вас есть, но и привлечет в вашу жизнь еще больше денег.

Эпилог

И все же это работает!

Магия во все времена работала для тех, кто овладевал ее секретами. На протяжении веков магия использовалась для самых разных целей. Магия есть в каждом уголке, стоит только присмотреться. В течение жизни мы переживаем множество событий, доказывающих существование магии, хотя некоторые предпочитают называть их чудесами.

Судьба направила вас на приобретение этой книги, на изучение и раскрытие истинной силы внутри вас, чтобы вы могли полностью изменить свою жизнь.

"Магия — это мост, который позволяет перейти из видимого мира в невидимый. И усвоить уроки обоих миров".

- Пауло Коэльо

Библиография

Авеста, Дж. Г. (1980) Священные числовые коды.
Неизвестный источник

Благодарности

Об авторе

Алина Руби — астролог, духовный писатель и исследователь, посвятившая себя изучению астрологии, метафизики, нумерологии, символизма, духовности, ритуалов и личностной трансформации. Через свои книги и духовные учения она исследует эмоциональные, психологические и энергетические измерения человеческой жизни, объединяя древние мистические традиции с современными размышлениями о любви, судьбе, отношениях, сознании и духовном развитии. Её работа помогает читателям лучше понять самих себя, свои эмоции и невидимые энергии, влияющие на повседневную жизнь.

На протяжении многих лет Алина Руби создавала обширный контент, связанный со знаками зодиака, планетарными влияниями, духовными ритуалами, энергетическим очищением, манифестацией, эмоциональным исцелением, сакральной символикой, процветанием и самопознанием. Её стиль письма сочетает духовность, интуицию, эмоциональный анализ, юмор и практические советы, создавая книги, которые одновременно глубоки и доступны для читателей, интересующихся астрологией и эзотерическими знаниями.

Её творчество часто затрагивает такие темы, как любовная совместимость, эмоциональная психология через астрологию, духовное пробуждение, нумерология, лунная энергия, энергетическая защита, кармические отношения, ритуалы процветания, ангелы, метафизические традиции и духовный смысл жизненных событий. Она особенно известна своей способностью объяснять сложные духовные концепции тёплым, эмоциональным и понятным языком, позволяя читателям глубоко соединяться с материалом независимо от их уровня знаний в области астрологии или духовности.

Вдохновлённая древними традициями, символизмом, философией, эмоциональным исцелением и духовным поиском, Алина Руби написала и создала в соавторстве множество книг об астрологии, духовности, ритуалах, метафизике и личностном развитии. Её работы нашли отклик у читателей, стремящихся понять глубокие эмоциональные и энергетические силы, формирующие отношения, личную эволюцию, судьбу и человеческое сознание.

На протяжении своего литературного пути Алина Руби продолжала расширять своё творчество, охватывая различные духовные и метафизические темы, включая психологию знаков зодиака, духовную защиту, сакральные ритуалы, техники манифестации, практики процветания, эмоциональную трансформацию, лунные циклы и мистические традиции разных культур мира. Её произведения отличаются эмоциональной глубиной, духовным взглядом, интуитивным подходом и сильной связью с личной силой и внутренним ростом.

В сотрудничестве с Анжелин Руби она участвовала в создании многоязычных духовных публикаций, посвящённых астрологии, метафизике, ритуалам, энергетическим практикам, нумерологии, эмоциональному исцелению и эзотерическим исследованиям. Вместе их работы стремятся вдохновлять читателей разных культур и происхождения на размышления, эмоциональное осознание, духовное любопытство и личностную трансформацию.

Через свои книги Алина Руби вдохновляет читателей вновь соединиться со своей интуицией, доверять своему внутреннему голосу, эмоционально исцеляться и открывать духовный смысл, скрытый в жизненных переживаниях. Её работа продолжает развиваться через книги, духовные проекты и образовательный контент, посвящённые помощи людям в вопросах любви, трансформации, изобилия, отношений, духовности и эмоциональной эволюции с большей осознанностью и пониманием.